AF566508

Simea Schwab

Ins Leid gepflanzt, ins Glück gewachsen

Lindenrain 5a, 3012 Bern, Tel. 031 300 58 66
Internet: www.blaukreuzverlag.ch
Umschlagbilder: Fritz Nafzger, Kallnach BE
Bilder im Buch: René Mollet, Suhr AG
Satz: Blue Beret Werbeagentur GmbH, Thun BE
Herstellung: Ebner & Spiegel, CPI-books, Ulm
ISBN 978-3-85580-511-2

Simea Schwab

Ins Leid gepflanzt, ins Glück gewachsen

Nachdenken über Freud und Leid

Blaukreuz-Verlag Bern

Inhalt

ERSTER TEIL

INS LEID GEPFLANZT

Einleitung

Wer glaubt, dass mich alleine schon meine körperliche Behinderung dafür qualifiziert, über das Thema Leid etwas zu schreiben, täuscht sich gewaltig. Meine Behinderung empfand ich für viele Jahre nicht wirklich als Leid. Erst die daraus resultierenden schmerzlichen Erfahrungen wie Ablehnung und Ausgrenzung erlauben es mir, etwas über Leid und Schmerz zu schreiben. Dies geschieht aber immer im Bewusstsein, dass es Menschen gibt, die mit übleren Schicksalsschlägen leben müssen und deren Erfahrungen ich nicht einmal in meinen ärgsten Albträumen nachvollziehen kann. Stellvertretend für viele möchte ich hier nur ein Beispiel nennen: den Psychologen Viktor E. Frankl, der das Konzentrationslager Birkenwald er- und überlebte[1]. Was er erfahren und ansehen musste, ist mit Worten kaum zu schildern. Deshalb schreibe ich mit grossem Respekt über dieses schwerwiegende Thema, versuche möglichst achtsam, sorgfältig und hoffentlich nicht belehrend damit umzugehen.

«Was, wenn mir der Glaube an Gott nichts bringt?» So, erzählt mir ein Berufskollege, habe er sich in einer langen Leidenszeit mit massiven körperlichen und psychischen Beschwerden gefragt. – Was mache ich, wenn mir am Ende des Tages der Glaube an Jesus nichts bringt? Ja, natürlich! Fromm ausgedrückt bringt mir der Glaube an Jesus Befrei-

[1] Viktor E. Frankl, ...trotzdem Ja zum Leben sagen – ein Psychologe erlebt das Konzentrationslager, dtv, München, 22. Auflage Oktober 2002

ung von Sünde, Erlösung von Schuld, ewiges Leben. Aber mal ehrlich, sind diese Begriffe nicht nichtssagende, abgedroschene Floskeln, abstrakte Aussagen, gefühlsmässig weit entfernt von meiner Lebensrealität, die oft schmerzerfüllter ist, als ich es zu ertragen vermag? Was bleibt am Ende eines dunklen Tages, wenn mein Gebet ungehört verklingt, das Herz erstarrt vor Angst und Not, wenn eine weitere schlaflose Nacht auf mich wartet? Was, wenn mir der Glaube an Gottes Liebe und Güte wie Sand durch die Finger rinnt, wenn der Zweifel an seiner Hilfe mich wie eine riesige Woge überspült und jede Hoffnung ertränkt? Was, wenn Bitterkeit und Enttäuschung über Gott, die Welt und die Menschen mich zu zerfressen drohen?

Ich erinnere mich an eine Krise vor zehn Jahren. Meine grosse Liebe, der Mann, mit dem ich den Rest meines Lebens verbringen wollte, hatte mir den Laufpass gegeben. Monatelang schleppe ich mich von Tag zu Tag, weine in der Nacht. Mein Glaube an Gottes Güte und Treue ist verflogen. Ich fühle mich von allen guten Geistern verlassen. Das Bibellesen ist mir zuwider. Das gilt auch für das Gebet und den Gottesdienstbesuch: Alles heuchlerisches Getue! Gespräche über Glaubenserfahrungen empfinde ich als gnadenlos frommes Geschwätz, unerträglich! Ich frage mich: Will ich diesem Gott, der mir zuerst etwas so Kostbares wie eine Liebesbeziehung geschenkt und dann kurzum wieder weggenommen hat, weiterhin dienen? So tobt über Monate ein schwerer Kampf in mir, mit Wut und Tränen. Und dann kommt jene Nacht!

Ich liege einmal mehr wach. Schwere Gedanken wälzen sich mit mir im Bett. Meine zutiefst verletzte Seele schreit und windet sich: Gott, du hast mich zum Narren gehalten! Hast mir den Speck durch den Mund gezogen und lässt mich nun wieder darben! – Meine Anschuldigungen gipfeln schliesslich in der Jahrtausende alten Frage nach dem Warum: Warum? Ist es nicht genug, dass du mich in einem behinderten Körper zur Welt kommen liessest? Warum hast du das zugelassen? ***Mein Gott, warum hast du mich verlassen?***

Doch dann, eigentlich todmüde, erschöpft vom langen inneren Kampf und doch hellwach, sehe ich auf einmal vor meinem inneren Auge das Kreuz auf der Schädelstätte, genannt Golgotha. Kein fein gearbeitetes Gold- oder Silberkreuz, das wir uns gerne als Schmuckstück umhängen. Kein leeres Holz- oder Metallkreuz, und auch kein Kruzifix, wie wir es in Kirchen, auf Friedhöfen und Bildern finden. – Es ist ein römisches Folterwerkzeug, an dem eine blutig-geschlagene Martergestalt hängt: Blut, das am Kreuz hinunter auf die Erde rann, Heulen und Stöhnen, Schreien und Ächzen unter schlimmsten körperlichen und seelischen Schmerzen. Und schliesslich die Worte, wie sie uns die Evangelisten Matthäus und Markus als Jesu letzte Worte überliefern (Matthäus 27,46. Markus 15,34): «Mein Gott, mein Gott, warum hast du mich verlassen?» Das sind die Worte, die meine Gefühle der absoluten Ohnmacht genau widerspiegeln. Im gefolterten Gottessohn erkenne ich auf einmal einen wahren Verbündeten. Nicht am leeren Grab von Ostern, sondern an diesem Kreuz vom Karfreitag – ja, an diesem einen Satz Jesu kann ich mich festhalten. Und das tue ich während den nächsten quälenden Monaten, denn noch habe ich die seelische Einöde nur zur Hälfte durchschritten. Noch immer ist mir jedes Gebet zuwider, und die Bibel konsultiere ich bloss als Arbeitsbuch für meine Predigtvorbereitungen. Ich habe mir mittlerweile die Antwort von Petrus auf Jesu-Frage «Wollt auch ihr mich verlassen?» zu eigen gemacht, denn auch ich weiss nicht, wohin ich sonst hätte gehen wollen. So klammere ich mich mit aller mir zur Verfügung stehenden Kraft an den Marterpfahl und an Jesu letzte Worte. Unmerklich wird die Anklage zum Gebet. In meiner Wüste keimt ganz langsam und sachte die Hoffnung, dass ich, wie Jesus, nicht versinken und verdursten, sondern aus meinem inneren Tod auferstehen würde – eines weit entfernten Tages.

Existentielle Fragen

Warum muss ausgerechnet ich dieses oder jenes erleiden? Warum scheint es den Leuten, die sich keinen Deut um den Glauben an Gott kümmern, besser zu gehen als manch gläubigem Menschen? Warum muss ich unten durch und alle ringsum leben in Saus und Braus? Warum haben die einen Glück und die anderen Pech? Warum passiert so viel unerklärliches Leid? Warum lässt Gott das zu?

Alle diese Fragen sind existentiell. Sie treiben um, bescheren schlaflose Nächte, kosten viel Energie, lassen sich nicht mit frommen Floskeln vertreiben, nagen an Glaubensgrundsätzen und können zum Prüfstein des Glaubens werden.

Die nackte und auf den ersten Blick eiskalte Erkenntnis, der wir uns im Leid zu stellen haben, ist, dass manches in unserem Leben ein Rätsel, ein Geheimnis bleiben wird – unerklärbar, unbegreiflich, unfassbar. Je länger wir auf dieser Erde leben, desto mehr Fragen werden unbeantwortet bleiben.

Jene unter uns, die kämpferisch, ja vielleicht sogar rebellisch veranlagt sind, und ich selber gehöre zu dieser Gruppe, haben die Tendenz, sich an diesen Fragen aufzureiben, sich im Kreis zu drehen und so nur schwer oder gar nie neue Wege einschlagen zu können. Das Gute für diese Kämpferinnen und Kämpfer ist: Sie können die Dinge beim Namen nennen, fürchten sich nicht davor, Gott im

Gebet ihre Enttäuschung und ihre Wut entgegenzuschleudern. Sie hadern mit Gott und das kann ein heilsames Ventil sein.

Die eher Friedfertigen unter uns neigen demgegenüber eher dazu, das Leid in ihrem Leben auf den ersten Blick zwar anzunehmen, die offenen Fragen stehen zu lassen und sich Gottes Willen unterzuordnen. Aber sie haben die Tendenz, den Schmerz und die Not in sich hineinzufressen. Ihre Gedanken gehen in die Richtung: Wer bin ich denn, dass ich Gottes Wege in Frage stellen darf? Die Gabe, Unausweichliches zu akzeptieren, birgt die Gefahr der Verbitterung. Wer alles schluckt, erstickt schliesslich daran.

Wie auch immer wir veranlagt sind: Die folgende Hilfestellung kann uns alle auf neue, vielleicht etwas andere Gedanken bringen und deshalb heilsam sein:

Wenn es uns gut geht, uns vieles im Leben gelingt, wenn unsere eigene Gesundheit und diejenige der Liebsten im Lot ist, die Finanzen stimmen, die gewünschte Arbeitsstelle gefunden wurde, wir mit Familie, Freunden und Nachbarn in Frieden und Eintracht zusammenleben – kurz, wenn wir mit viel Schönem und Gutem gesegnet werden, lasst uns fragen: Warum? Warum durfte ich mit einem nichtbehinderten Körper zur Welt kommen? Warum oder wozu wurde ich in eines der reichsten Länder der Welt hineingeboren? Warum darf ich laufen, mich ungehindert bewegen und auf Berge steigen? Warum darf ich sehen, hören und riechen? Warum habe ich eine gesunde Haut? Warum oder wozu habe ich eine intakte Ehebeziehung? Warum habe ich gesunde Kinder? Wozu habe ich ein schönes Haus, eine Wohnung, einen Garten, ein Auto? Könnte es sein, dass ich mit all dem Guten einen Auftrag in dieser Welt habe? Was könnte dieser Auftrag sein und wie könnte er konkret aussehen? Nicht warum, sondern wozu hat mich Gott so beschenkt?

Das theologische Fundament im Umgang mit Leid

Fünf Bausteine

Wenn wir uns mit der Bibel auseinandersetzen, merken wir, wie wenig Antworten auf die Warum-Frage darin zu finden sind. Es ist, als würde sie uns zur Erkenntnis aufrufen: Antworten auf das Warum sind allein keine Lösung! Die Antwort auf die Frage «Weshalb wurde mein Kind auf der Strasse von einem Auto überfahren?» (nämlich, weil der Autofahrer zu schnell fuhr und das Kind übersehen hat) wird nicht wirklich helfen im Umgang mit dem unfassbaren Verlust. Die Antwort klärt höchstens die Schuldfrage, wer für die Tat sühnen und bezahlen muss. Sie bringt jedoch das geliebte Kind nicht wieder zurück.

Oder: Die Antwort auf die Frage «Weshalb bin ausgerechnet ich ohne Arme und mit missgebildeten Beinen zur Welt gekommen? Weshalb nicht eine meiner vier Schwestern?» (möglicherweise kam es dazu, weil meine Mutter im falschen Moment ein hochgiftiges Laugenmittel zum Ablaugen eines Schranks benutzte), ersetzt mir keine gesunden Arme und Beine. Sie hilft mir nicht, meinen Alltag im Hier und Jetzt zu meistern. Klar, wenn ich dem Rat jenes Mannes folgen würde, der mir nach einem Vortrag in Liestal vorschlug, die Herstellerfirma des Laugenmittels zu verklagen, und wenn ich dann nach langen Rechtskämpfen Recht bekäme, dann wäre ich finanziell ein für alle Mal aus dem Schneider. Ein verlockender Gedanke: Nicht mehr arbeiten müssen! Oder doch nicht? Wie langweilig und sinnlos wäre da mein Leben!

Was uns die Bibel aber anstelle von glasklaren Antworten gibt, habe ich in fünf Bausteine unterteilt. Sie bilden ein tragfähiges, erdbebensicheres Fundament, auf das wir unser Leben mit seinen Sonnen- und Schattenseiten bauen dürfen.

Erster Baustein: Niemand ist perfekt

«Nobody is perfect», sagen wir locker dahin, entschuldigen damit mancherlei Verfehlungen und Fehltritte. Was damit gemeint ist, sagt die Bibel auf unpopuläre Weise so: Wir werden als Menschen in eine Welt hineingeboren, die von Schuld geprägt und in Schieflage geraten ist. Und im Verlaufe unseres Lebens tragen wir unseren Teil zu dieser Schuld noch bei. Jeder ist vor Gott, und oft auch vor seinen Mitmenschen, schuldig. Auch wenn wir noch niemanden umgebracht, noch nie etwas gestohlen, noch nie gelogen und betrogen haben: Trotzdem trennt uns eine unüberwindbare Kluft von Gott. Von Anbeginn der Zeit wollte der Mensch wie Gott sein, führte sich auf wie ein Gott und war der festen Überzeugung, keine höhere Autorität über sich zu brauchen. Diese Arroganz, ohne den Schöpfer von Himmel und Erde, Luft und Meer, Mensch und Tier leben zu können, ist der Abgrund, den wir mit keiner selbstgebauten Brücke überwinden können. Dafür brauchen wir den Schöpfer selber. Er hat Abhilfe geschaffen. Doch dazu später.

Wir sind also nicht perfekt, und die Welt, in der wir leben, ist es genauso wenig. Das heisst, wir alle müssen uns, so lange wir in dieser Welt leben, mit folgenden Tatsachen auseinandersetzen:

– Unser Körper ist eine fragile Angelegenheit und einem stetigen Alterungsprozess unterworfen. Wir werden manchmal krank und müssen uns mit körperlichen und psychischen Gebrechen herumschlagen. In einer Gesellschaft lebend, in der es zu einem grossen Teil um äussere Schönheit, um Fitness und Gesundheit geht, ist es nicht einfach, sich diesen Gedanken zu stellen. Meist sind wir erst dann dazu bereit, wenn eine eigene Krankheit oder die Erkrankung von Liebsten uns dazu zwingen. Dann fragen wir uns: Was für einen Sinn hat das Leben noch? Was ist mir wirklich wichtig? Was möchte ich in meinem Leben noch tun? Oder: Was kann ich in Zukunft getrost weglassen?
– Unsere Endlichkeit ist harte Realität. Wir leben nicht ewig, sondern müssen, über kurz oder lang, dem eigenen Tod ins Auge blicken. Was, wenn heute der letzte Tag meines Lebens wäre? Wäre ich zufrieden damit? Was würde ich bereuen? Was hätte ich lieber anders gemacht oder gesagt? Wie hätte ich ihn gestaltet? – Menschen, die mit einer tödlichen Krankheit konfrontiert werden, erzählen, wie sie plötzlich ganz andere Prioritäten setzen. Was zuvor wichtig erschien, ist es plötzlich gar nicht mehr. Und umgekehrt. Kleine Dinge im Alltag werden ganz bewusst wahrgenommen und genossen. Gespräche erhalten eine ungeahnte Tiefe. Gefühle werden ungenierter gezeigt. Man tauscht sich offen darüber aus, und was andere über einen denken, ist nicht mehr so wichtig.

- Angst und Einsamkeit sind nur zwei Gefühle auf der grossen negativen Empfindungspalette von uns Menschen. Mit Angst sind wir alle immer wieder mehr oder weniger konfrontiert. Ob nun die Angst begründete Ursachen hat oder nicht, ob der Auslöser uns nachvollziehbar erscheint oder nicht, ob uns auch manchmal bloss die Angst vor der Angst zittern und zagen lässt, sie ist ein Urgefühl, das sich nicht mit cleveren Argumenten und rationalen Erklärungen bändigen oder wegdiskutieren lässt. Sie ist Teil dieses Lebens. So sagt es Jesus selber: «In der Welt habt ihr Angst; aber seid getrost, ich habe die Welt überwunden.» (Johannes 16,33) Das Gefühl der Einsamkeit wird ebenso wie die Angst von jedem Menschen unterschiedlich empfunden. Manche sind kaum damit konfrontiert, andere ständig. Trotzdem scheint sie mir eine zentrale menschliche Empfindung zu sein, die die Sehnsucht nach dem vollkommenen Du ausdrückt. Der Mensch braucht ein Gegenüber – sehnt sich ein Leben lang nach der perfekten Verständigung mit ihm. Dass dieses Sehnen hier in dieser Realität eine Illusion bleibt, weist auf die von Gott in uns angelegte Sehnsucht nach dem jenseitigen perfekten Verstanden-Werden und Verstehen hin.
- Wir verletzen andere und werden selber verletzt. Bewusst oder unbewusst sind wir auf den eigenen Vorteil aus. Selbstlosigkeit und Selbstaufgabe sind in unserer Gesellschaft Fremdwörter und waren es wahrscheinlich schon immer, weil der Mensch Mensch ist. Profitgier und Selbstsucht halten Einzug in jeden Lebensaspekt – bis hin in unsere Liebesbeziehungen. Überall sind sie todbringend. Aber wer will sie aufgeben? Wer will schutzlos der Willkür von Mitmenschen preisgegeben sein? Wenn

ich nicht zu mir schaue, wer tut es dann? Hilf dir selbst, so hilft dir Gott – das ist die Devise, die uns weiterbringt, oder?!

- Eine Schuld, die wir niemals abbezahlen können, ist die Liebe. Wir lieben einander nie genug – nie so, dass der oder die andere es wirklich erfassen kann. Kein Mensch kann meinen Liebes-Tank wirklich füllen. Und ich bin ebenfalls unfähig, den Liebes-Tank meines Partners, meiner Freunde, meiner Nachbarn und vieler anderer zu füllen.
- Wir beuten die Natur aus, anstatt für sie Sorge zu tragen. Auch hier kommt unsere Selbstsucht ins Spiel. Wer ist schon bereit, weniger Wasser und Strom zu verbrauchen oder auf ein Auto zu verzichten, damit wir den CO2-Ausstoss genügend verringern könnten, um die anstehende Katastrophe zu vermeiden? Wir in unseren Breitengraden merken ja noch wenig von den Auswirkungen der Erderwärmung. Fragt man aber auf den karibischen Inseln nach, sieht es ganz anders aus. «Nach mir die Sintflut», sagen die einen. «Gott wird etwas Neues schaffen», tönt es etwas frommer. Dass uns Gott seine Schöpfung geschenkt hat, damit wir sie hegen und pflegen wie einen Garten, geht dabei vergessen.

Das führt mich zu folgender Schlussfolgerung: Sehr viel Leid und Not auf unserem Planeten Erde sind «hausgemacht». Sie sind die Realität einer nicht perfekten Lebensweise in einer nicht perfekten Welt. Wir sind aus dem Paradies vertrieben.

Das Verrückte an der Sache: Da ist einer, der uns trotz unseren schwärzesten Seiten, niedrigsten Taten und Instinkten unglaublich liebt. Gott ist verliebt in seine Menschen – seine wunderbare Schöpfung. «Über alle Massen – überreichlich – extravagant – grenzenlos – so liebt uns Gott!»[2] Er hat in seinem Sohn, Jesus Christus, die Brücke über den Abgrund zwischen sich (dem Perfekten) und uns (den Nichtperfekten) gebaut. Gottes Brücke besteht aus Geduld, Vergebung, Güte und Barmherzigkeit. Die Frage ist nur, ob wir sie überqueren wollen, ob wir seine Geduld mit uns wahrnehmen und ob wir seine liebende Vergebung, das Geschenk seiner Güte und Barmherzigkeit, annehmen oder zu stolz dafür sind.

Haben Sie sich schon mal verliebt und sind dabei abgeblitzt – haben ein klares «Nein!» in Empfang nehmen müssen? Oder es kam einfach gar keine Antwort auf Ihre Liebeserklärung – nicht nach Tagen, Wochen und Monaten, und auch nicht nach Jahren. Wie haben Sie sich dabei gefühlt? – So ähnlich, stelle ich mir vor, muss es unserem Schöpfer mit seinen Geschöpfen gehen. Er hat die Brücke gebaut – dafür mit seinem Leben bezahlt. Und keiner will sie benutzen. Jeder ignoriert sie, geht weiter durch den Lebensfluss, der tödliche Stromschnellen in sich birgt. Keiner antwortet oder wenn, dann nur mit Ignoranz oder einem «Nein». Daniel von Orelli hat diese Situation in treffende Worte gefasst:

«Nein! ist des Menschen Antwort an Gott,
einfach ‹Nein, Gott, ich brauche dich nicht.›
Im Kleinen, im Grossen, milliardenfach gesagt,

[2] Adrian Plass, Die steile Himmelsleiter – eine ehrliche Biographie, Brendow Verlag, 1992, S. 95

gedacht, geschrien, im Leben umgesetzt.
Die Folgen entnehmen wir der Zeitung.

Eines jeden Namen ist eingeritzt in Gottes Herz.
Sein Kampf um unser Ja bis zum Letzten,
das Geheimnis von Karfreitag,
um seinen Namen einzuprägen in unser Herz.»[3]

[3] Daniel von Orelli, Grüt (Gossau ZH) – gelesen auf dem Kalenderzettel «Täglich mit Gott»

Denkanstoss

Was sind meine persönlichen Schattenseiten? Wie gehe ich mit ihnen um? Wo und womit bin ich an mir und anderen schuldig geworden? Habe ich Gottes Vergebung schon erlebt? Wenn ja, was hat sich dadurch verändert? Wenn nein, mit wem könnte ich meine Fragen diesbezüglich besprechen – darüber diskutieren?

Corrie ten Boom hielt in München eine Predigt über Versöhnung. Da erkannte sie einen der SS-Männer aus dem Konzentrationslager wieder. Sie schreibt:

«Beim Ausgang kam er strahlend und sich verbeugend auf mich zu: ‹Wie dankbar bin ich Ihnen, Fräulein, für Ihre Botschaft, dass Jesus, wie Sie sagen, meine Sünden abgewaschen hat!› Er streckte mir die Hand entgegen. Aber ich liess meine Hand herunterhängen. Bittere Rachegedanken kochten in mir. ‹Herr Jesus›, betete ich, ‹vergib mir und hilf mir, zu vergeben.› Krampfhaft versuchte ich zu lächeln und die Hand zu heben. Vergeblich! Ich fühlte nicht den kleinsten Hauch von Wärme in mir! ‹Jesus, ich kann ihm nicht vergeben. Schenke mir deine Vergebung!› Als ich dann seine Hand nahm, geschah etwas ganz Unglaubliches: Von meiner Schulter herunter, meinem Arm entlang und durch meine Hand schien ein Strom von mir auf ihn überzugehen, während in meinem Herzen eine Liebe zu diesem Fremden aufloderte, die mich fast überwältigte.»

Gekürzt aus Corrie ten Boom: Die Zuflucht, R. Brockhaus Verlag Wuppertal, 1976

Zweiter Baustein: Unsere Freiheit

Dieser Baustein ist stark gekoppelt an den ersten. Im Schöpfungsbericht lesen wir, dass Gott den Menschen nach seinem Bilde erschuf:

«Und Gott sprach: Lasset uns Menschen machen, ein Bild, das uns gleich sei, die da herrschen über die Fische im Meer und über die Vögel unter dem Himmel und über das Vieh und über alle Tiere des Feldes und über alles Gewürm, das auf Erden kriecht. Und Gott schuf den Menschen zu seinem Bilde, zum Bilde Gottes schuf er ihn; und schuf sie als Mann und Frau.»[4]

Gott hat uns Menschen wunderbar geschaffen! Er hat uns Gaben und Fähigkeiten geschenkt. Er hat uns einen Körper geschenkt. Und er hat uns ein weiteres, ganz besonderes Geschenk gemacht, nämlich die Freiheit. Wir sind keine Marionetten, die nach seinem Gutdünken hierhin oder dorthin gehen, dieses oder jenes tun, voll kontrolliert und abhängig. Ein als Gottes Ebenbild geschaffenes Geschöpf ist ein wirkliches Gegenüber, ein Gesprächspartner. Das Geschenk der Freiheit ist ein Privileg. Der Theologe Helmut Thielicke schreibt, dass wir aufgrund dieser Freiheit geadelt sind: «So unter dem Gebot der Liebe wählen zu dürfen, so grenzenlos mit eigener Verantwortung beschenkt zu sein, das ist meine Freiheit, das ist der verpflichtende Adel der Kinder Gottes – ein Adel, der ihr ganzes Herz und

[4] Martin Luther, *Die Bibel (1984)*; 2004, S. Gen 1,26–28

auch das ganze Vermögen des Geistes in Anspruch nimmt.»[5] Wie es dieses Zitat impliziert, ist diese Freiheit aber auch eine Herausforderung. Denn die Fähigkeit zu wählen, sich zu entscheiden, bedeutet, dass wir uns sowohl für das Gute als auch für das Schlechte entscheiden können. Aus unseren Fehlentscheidungen kann sehr viel Leid entstehen (Psalm 38,4ff), für das wir nicht Gott die Schuld geben können, sondern selber die Verantwortung übernehmen sollen.

Manchmal müssen wir, und bisweilen auch unsere Liebsten und Nächsten, die schlimmen Konsequenzen eines Fehlentscheids tragen. Wenn dies geschieht, dann ist folgendes Wissen existentiell wichtig: Gottes Liebe, Treue, Zuwendung und vergebende Gnade bleiben immer bestehen! Er ist immer noch da und will uns aus dem selbstgemachten Sumpf herausziehen, wenn wir uns ihm zuwenden. Die Frage ist: Ergreifen wir diese ausgestreckte Hand? Oder versuchen wir, uns selber an den Haaren aus dem Morast zu ziehen? Franz Rosenzweig, deutscher Religionsphilosoph und Pädagoge (1886–1929), hat es in einem Brief an seine Schwester so formuliert: «Kein Mensch kann sich selber helfen. Die Welt ist zwar voller Leute, die sich das einreden, aber es gelingt allen so wenig, wie es Münchhausen gelang, sich an seinem eigenen Schopfe aus dem Sumpf zu ziehen. Jeder kann immer nur den andern, der ihm gerade zunächst im Sumpfe steckt, beim Schopfe fassen. … Diese ganze mechanisch unmögliche gegenseitige

[5] Helmut Thielicke, Und wenn Gott wäre…Reden über die Frage nach Gott, Stuttgart 1980, S. 189–191 – zitiert in Heinrich C. G. Westphal Hg., Wie die Träumenden – Das Helmut Thielicke Lesebuch, Quell Verlag, Stuttgart 1998, 5. Auflage, S. 149

Halterei ist dann freilich erst möglich dadurch, dass die grosse Hand von oben alle diese haltenden Menschenhände selber bei den Handgelenken hält. Von ihr her und nicht von irgendeinem gar nicht vorhandenen *Boden unter den Füssen* kommt allen diesen Menschen die Kraft, zu halten und zu helfen. Es gibt kein Stehen, nur ein Getragenwerden.»[6]

Die Aussage, dass manches Leid infolge unserer Fehlentscheide entsteht, birgt die Gefahr einer schwarz-weissen Schlussfolgerung: Sünde = Leid = Gottes Strafe. Aber so einfach ist es nicht. Das zeigt sich unter anderem in der Heilung des Blindgeborenen in Johannes 9. Der Evangelist Johannes berichtet uns, wie die Jüngerinnen und Jünger Jesu beim Anblick eines Blindgeborenen fragen, wer denn nun gesündigt habe, dieser oder seine Eltern? Jesu Antwort ist eine wahre Erlösung und echte Ermutigung für all' jene Eltern, denen ein Kind mit Behinderung in die Wiege gelegt wird, und für alle, deren Leid so unerklärbar ist: *«Es hat weder dieser gesündigt noch seine Eltern, sondern es sollen die Werke Gottes offenbar werden an ihm.»*[7]

Dass die Frage nach der Verbindung zwischen Schuld und Leiderfahrung auch heute noch aktuell ist, zeigt sich in folgendem Beispiel: Meine Eltern berichten vom bösen Geschwätz in der Dorfgemeinschaft zu der Zeit, als ich zur

[6] Aus: Ulrich Bach, Boden unter den Füssen hat keiner, 2. Auflg. 1986, Verlag Vandenhoeck, S. 219, zitiert Franz Rosenzweig, Briefe und Tagebücher, hgg. v. R. Rosenzweig u. E. Rosenzweig-Scheinmann unter Mitwirkung v. B. Casper, Bd. 2, 1918–1929 HAAG, M. Nijhoff, 1979. In: Franz Rosenzweig, Der Mensch und sein Werk, Gesammelte Schriften 1, S. 667f. (Nr. 627 An Ilse Hahn)

[7] Martin Luther, *Die Bibel (1984)*; 2004, S. Joh. 9,3–4

Welt gekommen war. Böses Geschwätz hat die Eigenschaft, so lange von Mund zu Mund zu gehen, bis es an dem Ort ist, wo es am meisten verletzt. Im Herbst 1970 tönte es ungefähr so: «Was haben die wohl Schlimmes verbrochen, dass Gott sie mit einem so schwer behinderten Kind bestraft?»

Wenn es tatsächlich so wäre, dass uns Gott nach unseren Sünden bestraft, dann sässen wir konsequenterweise alle im Rollstuhl oder lägen mit einer unheilbaren Krankheit im Spitalbett, weil wir ja alle nicht perfekt sind. Keiner ist besser als der andere. Wir haben alle unsere Schattenseiten, sind alle hilfsbedürftig in Bezug auf unseren Weg zu Gott. Aber so unbarmherzig handelt Gott nicht. So einfach erklärbar, in eine so kurze Formel gepresst, ist die Sache mit dem Leid (leider oder vielleicht auch eher Gott sei Dank!) nicht.

Denkanstoss

Wie gehe ich mit meiner Freiheit um? Wie entscheidungsfreudig bin ich? Bin ich mir bewusst, dass auch «sich nicht entscheiden» eine Entscheidung ist, für die ich die Verantwortung trage? Wann/wo/wie habe ich Fehlentscheidungen getroffen? Wie bin ich damit umgegangen? Was habe ich daraus gelernt? Wie gelange ich zu guten, konstruktiven, positiven Entscheidungen? Auf wen höre ich, beziehungsweise wen frage ich um Rat bei meiner Entscheidungsfindung?

Die innere Freiheit

«Wer von denen, die das Konzentrationslager erlebt haben, wüsste nicht von jenen Menschengestalten zu erzählen, die da über die Appellplätze oder durch die Baracken des Lagers gewandelt sind, hier ein gutes Wort, dort den letzten Bissen Brot spendend? Und mögen es auch nur wenige gewesen sein – sie haben die Beweiskraft dafür, dass man den Menschen im Konzentrationslager alles nehmen kann, nur nicht die letzte Freiheit, sich zu den gegebenen Verhältnissen so oder so einzustellen. Und es gab ein ‹so› oder ‹so›! Und jeder Tag und jede Stunde im Lager gab tausendfältige Gelegenheit, diese innere Entscheidung zu vollziehen, die eine Entscheidung des Menschen für oder gegen den Verfall an jene Mächte der Unterwelt darstellt, die dem Menschen sein Eigentliches zu rauben drohen – seine innere Freiheit – und ihn dazu verführen, unter Verzicht auf Freiheit und Würde zum Spielball und Objekt der äusseren Bedingungen zu werden.»

Viktor E. Frankl, …trotzdem Ja zum Leben sagen © 1977, Kösel-Verlag, München, in der Verlagsgruppe Random House GmbH

Dritter Baustein: Nichts ist vergeblich

Wann immer ich grosse Schwierigkeiten erlebe, ist es für mich tröstlich zu wissen, dass ich mit meinen Erfahrungen nicht alleine bin. Andere sind vor mir gegangen, haben ähnliches durchgemacht, standen verzweifelt am Abgrund und haben trotzdem am Glauben an Gott festgehalten. Ich denke dabei an Lebens- und Leidensgeschichten in der Bibel (Noemi im Buch Ruth, Hiob, die Propheten). Aber auch Menschen in unserer Zeit haben gelitten und darüber geschrieben. Was sie durchgemacht und welche Erfahrungen sie gesammelt haben, ist mir oft eine Ermutigung. Ich kann von ihren Erkenntnissen profitieren.

Da ist zum Beispiel Dietrich Bonhoeffer. Seine theologischen Ausführungen, Texte, Briefe und Gedichte berühren mich sehr, gerade weil ich um das bittere Lebensende dieses Mannes weiss. Sie erhalten eine Tiefe, weil sie zum Teil im Gefängnis verfasst wurden. Sich nach Freiheit sehnen – das kenne auch ich. Es sind zwar keine dicken Mauern, verschlossene Türen und vergitterte Fenster, die mich umgeben. Aber ähnlich eingeschlossen fühle ich mich manchmal in meinem Körper. Seit langem habe ich Bonhoeffers Morgen- und Abendgebete zu meinen eigenen gemacht:

«…In mir ist es finster, aber bei Dir ist das Licht;
ich bin einsam, aber Du verlässt mich nicht;
ich bin kleinmütig (und ängstlich), aber bei Dir ist die Hilfe;
ich bin unruhig, aber bei Dir ist der Frieden;
in mir ist Bitterkeit, aber bei Dir ist die Geduld;

ich verstehe Deine Wege nicht, aber Du weisst den rechten Weg für mich.
Vater im Himmel.
Lob und Dank sei Dir für die Ruhe der Nacht.
Lob und Dank sei Dir für den neuen Tag.
Lob und Dank sei Dir für alle Deine Güte und Treue in meinem vergangenen Leben.»[8]

Gabriela, eine langjährige Freundin, ist ein weiteres Lebensbeispiel, das mir eine enorme Ermutigung ist. Mit 16 lerne ich sie kennen. Wir teilen uns mit einer dritten jungen Frau ein Zimmer im Grossheim Rossfeld in Bern. Damals kann Gabriela noch gehen. Die fortschreitende Krankheit fordert jedoch langsam aber sicher immer mehr von ihrer Bewegungsfreiheit. Sie benötigt einen Hand-, später einen Elektro-Rollstuhl. Sie verliert ihre Feinmotorik und bald auch einen grossen Teil der Sprechfähigkeit. Gegen Ende ihres Lebens kann sie nur noch sehr schwer kommunizieren, wird deshalb oft missverstanden und auch bevormundet. Trotzdem hält sie an ihrer Liebe zu Jesus fest. Sie mobilisiert alle ihre Kräfte, um vom Heim (mit Pflege auf Klingelruf rund um die Uhr) in eine kleine Wohnung umzuziehen. Dort stellt sie ihre Pflegepersonen selber an, macht die Pflegeplanung und Buchhaltung und führt so ihre eigene kleine Firma. Gegen Ende ihres Lebens spricht man davon, sie auf eine Palliativ-Abteilung ins Krankenhaus zu verlegen. Sie weigert sich strikt und stirbt wie gewünscht in ihren eigenen vier Wänden. An ihrer Be-

[8] Aus dem Evangelisch-reformierten Gesangbuch, Nr. 576 – Dietrich Bonhoeffer, 1943

erdigung liegt sie aufgebahrt mit einem kleinen Lächeln auf den Lippen, als würde sie sagen: «Ich hab's geschafft und gehe jetzt an einen andern, sehr viel besseren Ort.»

Ob ich nun Lebensgeschichten in der Bibel oder Erlebnisberichte von Zeitgenossen lese oder mich an liebe Bekannte erinnere, immer wieder fällt mir Folgendes auf: Blickt man auf ein Leben zurück, wird ersichtlich, dass nichts, was passiert, vergeblich ist. Gott hat anscheinend die Fähigkeit, alles, was uns geschieht – auch das Schlimme – zu nehmen und etwas Gutes für uns daraus entstehen zu lassen. In seiner liebevollen Hand wird das Schreckensgespenst unseres Lebens mit Hoffnung durchsetzt. Das bedrückendste Erlebnis wird erträglicher, weil er uns versteht, mit uns weint!

Die einzige Voraussetzung dafür, dass dies geschehen kann, ist unser Vertrauen. Wahrlich, das ist einfacher gesagt als getan. Wenn uns unser Leben plötzlich wie ein einziger Hürdenlauf vorkommt, wird die Sache mit dem Vertrauen schwierig. Gott wirklich zu vertrauen, ist wohl eine der grössten Herausforderungen des Lebens.

Etymologisch betrachtet bedeutet das Verb «trauen» so viel wie «keine Vorbehalte, kein Misstrauen haben», «Glauben schenken» oder «wagen», «den Mut zu etwas haben». Das Nomen «Vertrauen» bedeutet «der feste Glaube an jemandes Zuverlässigkeit und Treue» oder auch «Zuversicht».[9]

[9] Etymologisches Wörterbuch des Deutschen, Deutscher Taschenbuch Verlag, 1995, erarbeitet unter der Leitung von Dr. Wolfgang Pfeifer, S. 1451

An einem Familienfest treffe ich meine Kusine, die erst kürzlich ihr drittes Kind geboren hat. Das Wetter erlaubt es uns, unter der Hängeweide zu sitzen und zu plaudern. Zahlreiche andere Kinder sind auch noch da, raufen und spielen. Der Jüngste in der Runde liegt selig schlafend mitten unter uns auf dem Rasen – wohlig auf ein Lammfell gebettet – mit ausgestreckten Ärmchen und Beinchen. Kein noch so lautes Geschrei und Gelächter scheint ihn zu erschrecken, geschweige denn zu wecken. Ein Bild des absoluten Vertrauens.

Auf Gott zu vertrauen heisst also: den Mut zu haben, ohne Vorbehalte an Gottes Zuverlässigkeit und Treue zu glauben – so wie dieses Baby, wohlig ausgestreckt, ohne Angst, es könnte ihm irgendjemand etwas zuleide tun.

Denkanstoss

Habe ich den Mut, an Gottes Zuverlässigkeit und Treue zu glauben? Traue ich es Gott zu, dass er mich hält, wenn nichts anderes mehr trägt? Traue ich es ihm zu, dass er mich auffängt, wenn ich falle, dass er mich schützt und behütet?

In schwierigen Lebenslagen: Was hat mir geholfen? Was hat mich ermutigt, gestärkt, getröstet und neu angetrieben (zum Beispiel Bücher, Musik, Bilder, Begegnungen, Gespräche, Orte und so weiter)?

«Ein vergilbtes Blatt, lange lag es an meinem Bett. Darauf sorgfältig geschrieben der Satz mit blauer Tinte. Ein Kinderwunsch? Vielleicht. Mir hat er Halt gegeben, als der Boden zu brechen drohte. Darauf setze ich, habe ich gedacht, zähle auf den Schatten an meiner linken Schulter. Dass er da ist, wenn ich nichts mehr sehen will. Dass er mich hält, wenn ich nackt bin. Dass er wartet. Und mich anschubst, wenn es soweit ist. Die Worte waren Mantel, sind es immer noch. Zeichen zum Aufbruch und Rast zugleich. Weil sie einfach sind. Weil in ihnen alles Vertrauen der Kindheit klingt. Weil sie Schutz bieten in ungewisser Zeit. *Ich wache über dir, so lehn dich hin zu mir.* Einer meint es gut.»

www.freudenwort.de

Vierter Baustein: Zukunftshoffnung

Im letzten Buch der Bibel gibt uns Gott ein wunderbares Versprechen: Mit dieser nicht perfekten Welt ist noch nicht das letzte Wort gesprochen. Gott hat alles in der Hand, auch wenn es oft nicht danach aussieht. Er hat einen guten Plan. Am Ende der Welt (wann genau das sein wird, bleibt offen) wird er über alles Böse, den Tod, das Leid triumphieren. Dann wird er einen neuen Himmel und eine neue Erde schaffen. Da werden kein Schmerz, keine Tränen und kein Geschrei mehr sein (Offenbarung 19,6b+7; 20,7–15; 21,1–7).

Für uns aufgeklärte und moderne Menschen hier in der westlichen Hemisphäre mag dieses Versprechen irgendwie belanglos klingen. Wir haben unsere Fähigkeit, Problemen aus dem Weg zu gehen, beinahe perfektioniert. Wir suchen «Spass bis zum Abwinken» und stecken möglichst lange unseren Kopf in den Sand.

Für Menschen, die mitten im Abschiedsschmerz, im Gefühl der totalen Verlorenheit, im Kampf gegen körperliche und seelische Schmerzen mit diesen biblischen Worten auf ein Jenseits vertröstet wurden, tönen solche Texte wahrscheinlich zynisch. Zudem wurde Jahrhunderte lang das «niedere» Volk mit ihnen abgespeist und ruhig gehalten: «Hier auf dieser Erde seid ihr bettelarm, hungrig und schindet euch bei der Arbeit zu Tode. Aber ihr dürft euch freuen! Nach eurem Tod wird alles besser. Im Paradies wartet ein unbeschreiblich schönes Leben auf euch.» Die Bequemlichkeit der Elite wurde damit zementiert. Man musste nichts am Elend der Untergebenen ändern, und diese hielten sich still aus Furcht vor Repression. Ist Gottes Versprechen also Zynismus pur – ein schwacher Trost, so unfassbar wie der Wind? Keine Hilfe, ein Hohn?

Gottes Verheissung im Buch der Offenbarung von Johannes soll uns zum Glauben aufmuntern, dass das Hier und Jetzt nicht Ein und Alles ist. Das ist nicht einfach in einer Gesellschaft, die uns das genaue Gegenteil weismachen will. Wenn aber das Hier und Jetzt wirklich Ein und Alles ist, wenn nach dem Tod nichts mehr kommt, dann muss ich tatsächlich möglichst vieles in diesem Leben erleben. Wenn nach dem Tod nur ein schwarzes Loch wartet, dann bleibt mir wahrhaftig nur eine sehr beschränkte Zeit, um all' meine Wünsche, Träume und Hoffnungen zu erfüllen. So spurten wir von Event zu Event, um möglichst nichts zu verpassen. Hektik, so weit das Auge reicht. Gelassenheit ade, denn wir bewegen uns in einem Hamsterrad, aus dem es kein Entrinnen gibt. Und wenn ein Schicksalsschlag das Hamsterrad abrupt stoppt, werden wir aus der gewohnten Bahn geschleudert und sind erstaunt, dass nichts uns hält.

Wenn wir aber glauben und darauf vertrauen,
- dass Jesu Auferstehung ein Pfand ist für unsere eigene Auferstehung (Matthäus 28,1–8; Lukas 24,36–49; Johannes 14,1–3),
- dass dieses Leben seine Vollendung findet (2. Korinther 4,7–18; Hebräer 13,14),
- dass nach dem Tod eine andere, bessere Lebensexistenz auf uns wartet (Philipper 1, 19–26; 2. Korinther 4,16–18):

dann müssen wir hier nicht alles erleben. Dann können wir ruhig und freudig unser Leben gestalten und dankbar sein für die uns geschenkten Erlebnisse und auch mit Unfertigem leben. Dann müssen wir nicht dauernd dem Verpassten nachtrauern. Dann sind wir nicht mehr von äusseren Zwängen getrieben, sondern von innerer Ruhe getragen. Dann können wir uns auf das Jenseits freuen und im Jenseits auf ein Wiedersehen mit geliebten Menschen, die vor uns gehen mussten. Dann können wir in schweren Zeiten Trost darin finden, dass nach einem schmerzerfüllten Leben etwas Neues und Gutes auf uns wartet.

An dieser Stelle scheint es mir angebracht, das Thema Himmel etwas weiter zu erläutern. Wer sich die Ewigkeit mit Gott vorzustellen versucht, kommt schnell an seine Grenzen. Wir zeitgebundenen Menschen haben keine Ahnung davon, was Ewigkeit wirklich bedeutet.

Für uns ist eine Predigt, die «ewig» dauert (über eine halbe oder gar eine ganze Stunde), einfach nur langweilig. Sie ödet an, und am Schluss bleibt wenig oder gar nichts vom Inhalt hängen. Man spürt den verspannten Rücken, weil man viel zu lange auf einem unbequemen Stuhl ausharren musste. Ewigkeit wird missverstanden als etwas, was einem Kaugummi gleich in die Länge gezogen werden kann. Wenn er seinen Geschmack verliert, helfen nur noch Blasenmachen und Fädenziehen. Und schliesslich bleibt nichts anderes übrig, als ihn auszuspucken und sich einen neuen in den Mund zu schieben.

Die Ewigkeit ist kein kaugummiartiges Etwas! Und sie ist auch kein langweiliges Perpetuum mobile von Halleluja-

und Gloria-Gesängen (ziemlich öde, diese Vorstellung, vor allem für unmusikalische Menschen). Sie ist nicht etwas, «was in grossen Zügen unseren Sonntagsgottesdiensten ähnelt – nur dass es ewig dauert und nicht nach anderthalb Stunden zu Ende ist!»[10] Sie ist vielmehr ein Qualitätsbegriff für ein Leben in einer anderen Existenz. Alles ist nicht nur gut oder besser, sondern exzellent! Das Leben dort ist schöner, heiterer, spannender, fröhlicher, sinnlicher, bunter, interessanter, aber auch gelassener, entspannter und ruhiger, als wir uns das in unseren kühnsten Träumen vorstellen können.

Clive Staples Lewis stellt in seinem Buch «Über den Schmerz» die Frage, ob unsere Ahnung vom Himmel etwas sei, «wonach zu verlangen man selber eigentlich geboren ist und wonach man … Tag und Nacht, Jahr für Jahr, von der Kindheit bis zum Alter Ausschau hält, worauf man wartet und wonach man lauscht», und schreibt weiter: «Niemals haben wir es *gehabt*. Alle Dinge, die je unsere Seele im tiefsten ergriffen haben, waren nur Anzeichen davon – Blicke von schmerzlicher Flüchtigkeit, nie ganz erfüllte Versprechen, ein Echo, das sogleich dahinstarb, wenn es unsere Ohren erreichte. Würde es sich aber wirklich offenbaren, würde je ein Echo kommen, das nicht dahinsterben, sondern anschwellen würde zum vollen Ton – dann würden wir es erkennen.»[11]

[10] Adrian Plass, Tagebuch eines frommen Chaoten, Brendow Verlag, 18. Auflage 2011, S. 60

[11] Clive Staples Lewis, Über den Schmerz, Brunnen Verlag Giessen/Basel, 1. Taschenbuch-Lizenzausgabe 1988, S. 149

Wir sagen es vielleicht so: «In diesem Moment ging der Himmel auf» oder «Das war ein magischer Augenblick», und meinen damit, dass wir für eine Sekunde hinter den Vorhang blicken und etwas ganz Wunderbares erfahren durften. Tom McNeal lässt es in seinem Roman «To be sung underwater»[12] seine Protagonisten (gesunde, junge, sehende und hörende Menschen) mehrere Male und in jeweils ganz besonders schönen Augenblicken so formulieren: «Sound to the deaf and sight to the blind.» (Den Blinden die Sicht, den Tauben das Gehör). – Ein herrlich schmunzelnder Hinweis darauf, dass auch den Sehenden und Hörenden noch so manches Licht aufgehen, sich noch so mancher Klang offenbaren kann, bei einem kurzen Blick hinter den Vorhang, der normalerweise geschlossen ist. – Nicht, dass ich glaube, die Hauptsache des Himmels sei das Wegschaffen von allen Behinderungen. Das wird bloss ein Nebeneffekt, eine Dreingabe sein. Eine Behinderung, die persönlichkeitsformend und -bestimmend ist, wird meines Erachtens in irgendeiner Form Platz finden im Himmel. Dieser Gedanke mag für viele überraschend und irritierend sein – unter anderem für jene, denen ihre Behinderung ausschliesslich eine Last und Pein ist. Er birgt jedoch einen erfrischenden Aspekt und ein hoffnungsvolles Gegenstück zur Tendenz mancher Christen, alles für sie nicht Normale an einem Menschen möglichst schnell wegbeten zu wollen. Diese Neigung hat in mir als junge Christin das Gefühl erzeugt, nicht in meiner Ganzheit angenommen und deshalb unwillkommen und eine Last zu sein. Bei Gott ist es jedoch anders: Da bin ich von Kopf bis Fuss geliebt. Gottes Liebe umfasst mein ganzes Ich, ein-

[12] Tom McNeal, To be sung underwater, Little, Brown and Company 2011

schliesslich meiner Armlosigkeit. Und diese Liebe geht weit über das Leben in dieser Weltzeit hinaus. Sie reicht bis in den Himmel. Deshalb werde ich, in meiner Vorstellung vom Jenseits, die Gabe, meine Füsse wie Hände zu benutzen, durchaus weiterhin haben. Denn sie ist ein wichtiges und positives Persönlichkeitsmerkmal.[13] – Aber «Sound to the deaf and sight to the blind» drückt trefflich das Wundervolle eines solch himmlischen Moments aus, der die Ahnung von wahrhaft Heilsamem und Beglückendem weckt.

In «Das Tour-Tagebuch des frommen Chaoten» beschreibt Adrian Plass eine Gesprächsrunde über den Himmel. Dabei kommt auch der durch und durch korrekte und fromme Barry zu Wort und meint, wenn er sich den Himmel vorstelle und dabei für einen Moment Gott ausser Acht lasse, dann fände er es schön, wenn der Himmel so wäre wie ein herrlicher Sommermorgenspaziergang mit dem Hund. Doch kaum ausgesprochen fügt Barry als pflichtbewusster Christ an, es seien jedoch in Wirklichkeit Gottes Liebe und seine Verheissungen, dank denen wir Glück und Hoffnung empfinden würden. Adrian Plass beschreibt den sich verändernden Gesichtsausdruck Barrys beim Reden – von entspanntem Entzücken (beim Gedanken an den Spaziergang) zu verkrampfter Steifheit (bei den Worten über Gott und seine Verheissungen).[14]

[13] Siehe dazu: Amos Yong, The Bible, Disability and the Church – A New Vision of the People of God, William B. Eerdmans Publishing Company, Grand Rapids, Michigan/Cambridge U.K. 2011, S. 118–144

[14] Adrian Plass, Das Tour-Tagebuch des frommen Chaoten, Brendow Verlag 2003, S. 195

So gehemmt und krampfhaft stelle ich mir den Himmel mit Gott auf gar keinen Fall vor. Blicke ich um mich und sehe die wunderbar kreative Schöpfung ringsum, dann fällt es mir leicht, mir den Himmel in den schönsten Farben, Formen, Gerüchen und Geräuschen vorzustellen. Und wenn ich an Gottes Liebe denke, die sich mir schon jetzt in vielfältiger Weise zeigt und spürbar wird (zum Beispiel beim Pflücken der ersten Nektarine am noch jungen Baum in meinem Garten), dann ist es für mich ein Kinderspiel, mir auszumalen, wie ich mit Gott zusammen durch seine himmlischen Gärten wandle und die Köstlichkeiten dort geniesse.

Denkanstoss

Was bedeutet mir der Himmel (zum Beispiel: billige Vertröstung, dummes Geschwätz, Wunschdenken, Opium fürs Volk, Realität)? Wie stelle ich mir ein Leben nach dem Tod vor? Oder ist mir diese Frage gänzlich unwichtig? Als wie hektisch empfinde ich mein Leben? Wie könnte/ möchte ich mein «Hamsterrad» verändern, verlangsamen oder ganz daraus aussteigen?

Behalte die Gabel!

«Als der Arzt ihr mitteilte, dass sie höchstens noch drei Monate zu leben hätte, beschloss sie, sofort alle Details ihrer Beerdigung festzulegen. Zusammen mit dem Pfarrer besprach sie, welche Lieder gesungen werden sollten, welche Texte verlesen werden sollten und welche Kleider sie anhaben wollte. «Und da gibt es noch eine wichtige Sache! Ich will mit einer Gabel in der Hand begraben werden», sagte sie schliesslich. Der Pfarrer konnte seine Verwunderung nicht verbergen. Eine Gabel? «Darf ich fragen, warum?», wollte er vorsichtig wissen. «Das kann ich erklären», antwortete die Frau mit einem Lächeln. «Ich war in meinem Leben zu verschiedenen Abendessen eingeladen. Und ich habe immer die Gänge am liebsten gemocht, wo diejenigen, die abgedeckt haben, gesagt haben: Die Gabel kannst du behalten. Da wusste ich, dass noch etwas Besonderes kommen würde. Nicht nur Eis oder Pudding, sondern etwas Richtiges, ein Auflauf oder etwas Ähnliches. Ich will, dass die Leute auf mich schauen, wenn ich da in meinem Sarg liege mit einer Gabel in der Hand.

Da werden sie sich fragen: Was hat es denn mit der Gabel auf sich? Und dann können Sie ihnen erklären, was ich gesagt habe. Und dann grüssen Sie sie und sagen ihnen, dass auch sie die Gabel behalten sollen. Es kommt noch etwas Besseres.»

Kristina Reftel (Hrsg.), «Ich habe nach dir gewonnen!»

Fünfter Baustein: Gegenwartshoffnung

Dieser fünfte und letzte Baustein ist nun für alle Zweifler unter uns gedacht, denen die oben beschriebene Zukunftshoffnung nach wie vor ungemein vage und suspekt vorkommt.

Dass das Hier und Jetzt für uns Christen nicht das Ein und Alles sein soll, heisst nicht, dass wir auf Gottes Hilfe in der Gegenwart verzichten müssen. Es heisst nicht, dass wir hier im Welten-Dschungel auf uns alleine gestellt sind. Und es heisst auf keinen Fall: Hilf dir selbst, so hilft dir Gott.

Was mich am christlichen Glauben ganz besonders anzieht, ist die Tatsache, dass dieser christliche Gott sich auf unsere Ebene herunterlässt, damit wir ihn besser verstehen, er berührbar wird.

In der Schöpfungsgeschichte ist uns überliefert, dass nach der Erschaffung des Menschen ein gewichtiges kleines Wort zu Gottes Wohlgefallen an seiner gesamten Schöpfung hinzukommt: «Und Gott sah an alles, was er gemacht hatte, und siehe, es war sehr gut.»[15] Der Mensch ist also sehr gut. So sagt es Gott. Doch dagegen lässt sich sofort einiges einwenden: Wenn man an des Menschen Unvollkommenheit denkt, wenn man bedenkt, wie die Geschichte weiterging und wie die Welt heute aussieht, wenn man

[15] Martin Luther, *Die Bibel (1984);* 2004, S. Gen 1,31

an die eigenen rabenschwarzen Abgründe denkt, dann müsste man doch dieses «sehr gut» sofort streichen, für ungültig erklären. Eigentlich könnte man es verstehen, wenn Gott sich von seinen Geschöpfen ganz und gar abgewandt hätte. Doch gerade das Gegenteil ist der Fall.

Obwohl wir Menschen nicht perfekt sind, hat Gott in seiner Geschichte und in seinem Umgang mit uns dieses «sehr gut» nie für nichtig erklärt. Indem er selber, in seinem Sohn Jesus Christus, Mensch wurde, hat er sein volles Ja zu uns noch bekräftigt.

Gott wurde Mensch und weiss deshalb, was es bedeutet, Mensch zu sein. Gott wurde kein Superman, dem alles gelang, was er in Angriff nahm. Manche seiner Zeitgenossen hätten sich wohl einen machtvollen König gewünscht, der die römische Besatzungsmacht vertreibt. Aber anstatt auf einem edlen Pferd in Jerusalem einzuziehen, setzte er sich auf eine Eselin (Matthäus 21, 1–10). Er ass und trank mit den Ausgestossenen seiner Zeit. Er feierte an einem Hochzeitsfest mit und machte, wohl zum Erstaunen aller, aus Wasser Wein, nota bene viel besseren Wein als den, der vorher ausgeschenkt worden war. Er weinte und lachte, war wütend und zärtlich.

Wenn ich an einem Winterabend im Sitzofen Feuer mache, mir eine Tasse Schwarztee (ganz nach englischer Art mit einem guten Schluck Milch) aufgiesse, ein zartschmelzendes Stück Schokolade bereitlege und einen spannenden Krimi zur Hand nehme, dann erlebe ich Gegenwartshoffnung. Wenn ich zum nahegelegenen Aussichtspunkt fahre und mir den Sonnenuntergang ansehe, dabei beobachte, wie sich die Berner Alpenkette feuerrot entzündet, die Wolken am Himmel sich hellgelb, orange, blutrot und zuletzt dunkelviolett verfärben, dann geht für mich der Himmel auf und ich fühle mich wie ein kleines Kind, das bettelt: «Bitte, tu es noch einmal!» Wenn ich das glucksende Lachen eines kleinen Mädchens höre, das sich über meine kleinen Aufmerksamkeiten freut (vielleicht verziehe ich für sie mein Gesicht zu unterschiedlichen Grimassen), dann spüre ich Gottes Nähe. In allem Guten und Schönen, das mir begegnet, erkenne ich seine Spuren in meinem Leben. Aber auch dann, wenn Gewitterwolken aufziehen, Angst und Zweifel mich plagen, halte ich daran fest: «Er ist da!» – Weshalb bin ich mir dessen so sicher?

Vom Ende her betrachtet, war Jesu Leben ein Misserfolg. Während seines Wirkens hatte er so viele Anhängerinnen und Anhänger, dass es zum Problem wurde, für sie alle Nahrung zu finden (Matthäus 14,13–21). Schliesslich blieben ihm aber nur seine nächsten Freunde treu. Und als es zuletzt um Leben und Tod ging, blieb er mutterseelenallein. Liest man die Passion Jesu, könnte man mit den damaligen Zuschauern sagen: «Schaut her, der Versager! Andern hat er geholfen. Sich selber kann er nicht helfen» (Matthäus 27,39–44).

Gott wurde ein Mensch aus Fleisch und Blut. Deshalb kann er all unsere Verzweiflung, Ängste, Nöte, Schmerzen und Tränen verstehen. Er hat sie selber durchlitten. Der Prophet Jesaja beschreibt ihn so: «Er war der Allerverachtetste und Unwerteste, voller Schmerzen und Krankheit.

Er war so verachtet, dass man das Angesicht vor ihm verbarg; darum haben wir ihn für nichts geachtet.»[16] Und Jürgen Moltmann formuliert es ebenfalls prägnant: «Jesus wurde zu dem Menschen, der wir nie sein möchten: Ein Verstossener, Verfluchter, Verhasster, Gekreuzigter. Ecce homo! (Siehe, der Mensch)»[17] Der gekreuzigte Jesus ist die Solidarität Gottes mitten in unserem Leid. Der von Gott verlassene Christus ist die Gegenwart Gottes in unserer dunklen Nacht. In der Theodizee (d. h. die Antwortversuche auf die Frage, warum Gott das Leid zulässt) bedeutet Hoffnung, dass Gott mitten im Schmerz und Leid mit uns ist.[18]

Ganz bestimmt litt Jesus unter den römischen Folterknechten. Aber sein Leidensweg begann schon viel früher. Bereits die oft verniedlichte Weihnachtsgeschichte enthält sehr viel Not und Schmerz.

- Um ein Haar wäre Jesus ohne menschliche Vaterliebe aufgewachsen. Um ein Haar wurde er als Baby umgebracht.
- Er erlebte als Kleinkind, was Flucht und im Exil aufzuwachsen bedeuten. Toni Rüttimann (Der Brückenbauer für die Armen) hat dies so formuliert: «Josef und Maria

[16] Martin Luther, *Die Bibel (1984)*; 2004, S. Jes 53,3

[17] Jürgen Moltmann, The Crucified God, SCM Press 1992, S. 205. Mit dem Hinweis Ecce homo (klassische Aussprache [ˈɛkːɛ ˈhɔmoː], deutsche Aussprache auch [ˈɛktsə ˈhoːmo]) stellt nach der Darstellung des Johannesevangeliums der römische Statthalter Pontius Pilatus den gefolterten, in purpurnes Gewand gekleideten und mit einer Dornenkrone gekrönten Gefangenen Jesus von Nazaret vor, weil er keinen Grund für seine Verurteilung sieht. Die jüdische Führung fordert daraufhin Jesu Kreuzigung: http://de.wikipedia.org/wiki/Ecce_Homo

[18] F. Hauck / G. Schwinge, Theologisches Fach- und Fremdwörterbuch, Verlag Vandenhoeck & Ruprecht, Göttingen, Auflage 1997, S. 195

unterwegs, und wissend, dass die Geburt jederzeit soweit sein kann, und dass Maria das noch nie in ihrem Leben gemacht hatte. Nur schon diese Bedingungen muss man sich mal ernsthaft überlegen. Falls sie die Geburt überstehen würde, dann sind es sofort mehrere Wochen Laufen, immer wieder Orte zum Schlafen suchen, zum Waschen, etwas zu Essen, genug Wasser. Und das mit einem Neugeborenen, von dem sie schon wussten, was für einen Schatz dieser für die Menschheit bedeutet. … Der Vater musste ständig äusserst umsichtig und auf der Hut sein. Er musste sich stets die Frage stellen: Wo können wir heute übernachten? Die Mutter musste achtsam sein, nicht irgendwie zu straucheln oder auch sonst unnötig aufzufallen. Und dazu auf der Flucht nicht ins nächste Dorf – sondern nach Ägypten! Zu Fuss und auf einem Esel. Unterwegs in der brütenden Hitze des Tages und der bitteren Kälte der Wüste des südlichen Palästinas und des nordöstlichen Ägyptens, quer durch die Wüste Sinai. … Verfolgt von Soldaten, Killern und Agenten, jeden Moment auffliegen zu können oder verraten zu werden von regierungstreuen Sympathisanten.»[19]

– Als Teenager erfuhr er, was es heisst, von seinen Eltern missverstanden zu werden.
– Er litt am Unverständnis seiner Familie und naher Freunde. Auch die Verleugnung und der Verrat zweier seiner engsten Vertrauten ging wohl kaum schmerzlos an ihm vorbei. Er erlebte, was Enttäuschung ist.

[19] Toni Rüttimann, Email vom 22.12.2014

So wird Jesus Christus zum besten Ansprechpartner in jeder noch so vertrackten, ausweglosen, finsteren und hoffnungslosen Lebenssituation.

Der Glaube daran,
– dass Jesus kein weit entfernter Zuschauer ist, womöglich noch voller Schadenfreude,
– dass er im Schmerz mit mir ist und sich nicht abwendet oder sich gar verabschiedet,
– dass er mich besser versteht, als es ein Mensch je könnte,
– dass er mit mir weint,
ist die Hoffnung, die in der Gegenwart des Lebens Halt gibt.

Dieser Glaube ist und bleibt ein Sprung ins Unbekannte, eine Reise ins Ungewisse. Man muss den Schritt wagen und sich auf die Reise machen, damit Gottes Nähe, Fürsorge, Trost und Rat erfahrbar, spürbar und wahrhaft erlebbar werden.

Denkanstoss

Fällt es mir schwer/leicht, mir selber etwas zuliebe zu tun? Wenn es mir schwer fällt: Wie könnte ich mir ganz konkret eine Freude machen und etwas Gutes tun? Wenn es mir leicht fällt: Wie kann ich für andere ein Hoffnungsträger sein?

Was bedeutet das Kreuz von Jesus (sein Leiden und Sterben) für mich? Habe ich Gottes positives Eingreifen in mein Leben schon einmal erlebt? Wenn ja: Wie war das konkret? Wenn nein: Was löst das in mir aus (Frust, Enttäuschung, Bitterkeit etc.)? Wie könnte ich Gott konkret erleben? Mit wem möchte ich über meine Gottessehnsucht sprechen?

«Du hast Worte des ewigen Lebens.» Wie sehr das stimmt, hat ein ehemaliger Häftling des KZ Buchenwald berichtet. Er erzählt, wie er auf dem Appellplatz im Lager gestanden hat – grenzenlos allein, unheimlich gefangen und ohne Glauben –, entschlossen, in der nächsten Nacht in den elektrischen Draht zu gehen und Schluss zu machen. Da hörte man an diesem Ort des Grauens und der Verzweiflung eine laute, klare Stimme über den Platz der 20'000 Gefangenen schallen. Diese Stimme rief aus dem Fenster einer Bunkerzelle heraus: «Jesus spricht: Ich bin das Licht der Welt, wer mir nachfolgt, wird nicht wandeln in der Finsternis.» Das war die Stimme des rheinischen Pastors Paul Schneider. Und der das erzählt hat, hat gesagt: «Er hat mich durch diesen Ruf gerettet. Denn von da an wusste ich, dass doch Einer bei mir ist.»

Werner Krusche: «Gottes grosse Einladung. Predigten»,
© Evangelische Verlagsanstalt, 1982

Das philosophische Fundament im Umgang mit Leid

Warum philosophieren?

Als leidenschaftliche Radiohörerin verbringe ich manche Winternacht damit, mir spannende und informative Sendungen anzuhören. So auch diesmal. Es ist der 21. Oktober 2007. Die Sendung Passage 2 trägt den Titel «Der Philosoph im Spital – 10 Jahre Arbeit im Bezirksspital Affoltern». Mit wachsendem Interesse höre ich mir die Ausführungen des Berliner Philosophen Wilhelm Schmid an. Seine klar formulierten Gedanken über den Umgang mit Leiderfahrungen ähneln den meinen und ergänzen meine eigenen theologischen Überzeugungen auf erstaunliche und erfrischende Weise.

Ich recherchiere im Internet weiter und stosse dabei auf Schmids Buch «Schönes Leben? – Einführung in die Lebenskunst». All diese Informationen beflügeln meine Vorbereitungen für ein Seminar mit dem Thema «Ins Leid gepflanzt – ins Glück gewachsen». Einen Monat später erhalte ich die Gelegenheit, mir ein Referat von Wilhelm Schmid anzuhören. Diesmal geht es um die Freundschaft mit sich selber und mit anderen. Meine Begeisterung für die «Philosophie der Lebenskunst» stärkt meine Überzeugung, dass diese Gedanken eine hilfreiche Ergänzung für die Theologie des Leidens sind.

Das nun Folgende ist eine Zusammenfassung von philosophischen Gedanken von Wilhelm Schmid[20]:

Was sind «Glückskiller»?

Die sogenannten «Glückskiller» sind so alt wie die Menschheit selbst: Krankheit, Tod, Abschied und Trennung sind nur einige davon. Im Folgenden werde ich mich auf den Umgang mit «Glückskillern» beschränken, die uns hier in der westlichen Welt am nächsten liegen. Das weltweite Leid mit seinen Kriegen, Hungersnöten und Naturkatastrophen ist für die meisten von uns weit weg. Der Um-

[20] Wilhelm Schmid, geboren am 26. April 1953 in Billenhausen / Bayerisch-Schwaben, ist ein deutscher Philosoph mit dem Schwerpunkt auf dem Gebiet der Lebenskunstphilosophie. Nach einer Kindheit und Jugend in bäuerlicher Umgebung, einer Lehre als Schriftsetzer und vier Jahren bei der Bundeswehr holte Wilhelm Schmid am Augsburger Bayernkolleg 1980 das Abitur nach. 1980 begann er ein Studium von Philosophie und Geschichte an der Freien Universität Berlin, der Pariser Sorbonne und der Universität Tübingen, das er 1991 mit einer Doktorarbeit über Michel Foucault abschloss. Er übernahm Lehraufträge an der Universität Leipzig (1990–1991), der Technischen Universität Berlin (1991–1992), der Pädagogischen Hochschule Erfurt (1993–1999) und der Universität Jena (1999–2000). In Erfurt habilitierte er sich im Jahr 1997 mit seiner Arbeit «Grundlegung zu einer Philosophie der Lebenskunst». 2004 Ernennung zum ausserplanmässigen Professor an der Universität Erfurt.
Er lehrte als Gastdozent an der Universität Riga/Lettland (1991–2000) und an der Staatlichen Universität Tiflis/Georgien (1997–2006). Von 1998 bis 2007 arbeitete er regelmäßig als «philosophischer Seelsorger» am Spital Affoltern am Albis (bei Zürich).
Wilhelm Schmid lebt seit 1980 als freier Philosoph in Berlin. Zudem lehrt er Philosophie als ausserplanmässiger Professor an der Universität Erfurt. Seine Bücher sind ins Niederländische, Italienische, Spanische, Französische, Englische, Lettische, Estnische, Finnische, Dänische, Serbische, Türkische, Koreanische und Chinesische übersetzt. Sie erreichten bis 2013 eine Gesamtauflage von etwa 700'000 Exemplaren. 2013 erhielt er den Preis der Dr. Margrit Egnér-Stiftung.

gang damit ist für uns nicht unmittelbar Betroffene oft surrealer Natur. Unsere Leiderfahrungen hier in der Wohlstandsgesellschaft sind aber genauso real. Sie sind für uns spür- und fassbar und deshalb eine geeignetere Realität, um sich vertieft damit auseinanderzusetzen.

Ursprung und Folgen der «Vogelstrausspolitik»

Schmids Philosophie sagt: Die Epidemie des positiven Denkens schlägt in unserer modernen Gesellschaft um sich und hat fatale Konsequenzen, weil das Leben nun mal nicht immer positiv ist und vom positiven Denken das negative geradezu generiert (erzeugt) wird.

Wer ausschliesslich und kontinuierlich auf Glücksmomente aus ist und mit aller Kraft versucht, sich diese um jeden Preis zu sichern, der wird nach einem Schicksalsschlag extrem unsanft aus seiner Schein- und Traumwelt erwachen. Je mehr der Mensch versucht, die «Glückskiller» zu ignorieren oder mit allen Mitteln von sich fernzuhalten, desto abrupter und schmerzhafter holen sie einen ein. Überrumpelt ist man unfähig, damit umzugehen. Das lähmende Entsetzen und die Bestürzung sind so gross, dass gar nicht mehr agiert werden kann.

Dass wir die «Glückskiller» unbedingt ausrotten möchten, hat sehr viel damit zu tun, dass wir Kinder unserer Zeit und Kultur sind. Wir sind Kinder der Post-Moderne, geprägt vom Gedankengut der Moderne.

Die Moderne ist eine «Erfindung» der Aufklärer des 18. Jahrhunderts. Diese Aufklärer gaben der Moderne die Grundzüge, von denen sie meinten, sie würden für eine bessere Welt sorgen: Es sollte die beste aller Welten zustande kommen. Die Philosophen stellten sich diese beste Welt so vor, dass in ihr alles Negative ausgeschaltet sein würde. Es sollte keine Krankheit, keinen Schmerz – nur noch Lust, Freude, Liebe und Friede zwischen den Menschen geben. Schon Aristoteles meinte: «Nicht nach Lust strebt der Kluge, sondern nach Schmerzlosigkeit.»[21] Aber es ist eher das Gegenteil davon eingetreten, wenn man zum Beispiel allein an die zwei Weltkriege denkt.

Viele Menschen sehen ihren Körper als eine Art Maschine, die es umgehend zu reparieren gilt, wenn irgendetwas nicht stimmt. Der Arzt wird zu einer Art Reparateur, der defekte und abgenutzte Teile identifiziert, repariert und, wenn das nicht möglich ist, ersetzt. Diese innere Überzeugung und Sicht auf den Körper entstand gemäss Gerald Hüther, Professor für Neurobiologie, im Maschinenzeitalter.

Damit man Hüthers Gedankengang versteht, ist es hilfreich, einen kurzen Exkurs in die Hirnforschung zu machen: Gemäss Hüther ist unser Hirn nicht so sehr mit einem Muskel zu vergleichen, den es mit pflichtbewusster Routine zu trainieren gilt. In seinem Buch «Was wir sind, und was wir sein könnten» erklärt er, dass unser menschliches Hirn vielmehr kraft der Begeisterung elastisch und lernfähig bleibt. Er schreibt: «Begeisterung ist Dünger fürs Hirn.»[22]

[21] Aristoteles, Nikomachische Ethik, VII, 11, 1152b 15

[22] Gerald Hüther, Was wir sind und was wir sein könnten – ein neurobiologischer Mutmacher, S. Fischer Verlag, 2011, S. 36–47 und S. 92–102

In Bezug auf den Ursprung der menschlichen Überzeugung, der Körper sei wie eine Maschine zu behandeln, heisst das nun Folgendes: Im Maschinenzeitalter wurde mit riesigem Enthusiasmus die Einführung verschiedenster Erfindungen begrüsst und willkommen geheissen. Von der Dampfmaschine bis zum Telefon und Auto – alles wurde gefeiert. Man war fasziniert davon, was diese Maschinen alles fertigbrachten, was der Mensch niemals hätte bewerkstelligen können. «Dadurch kam es im Hirn der Menschen damals … zur Aktivierung der emotionalen Zentren, die Giesskanne der Begeisterung in ihrem Hirn ging an … So wurde die Vorstellung in den Hirnen unserer Vorfahren verankert, dass Maschinen etwas Grossartiges sind und sie am liebsten auch wie Maschinen funktionieren würden.»[23] Diese noch heute verbreitete Vorstellung haben wir also, gemäss Hüther, der Bedeutsamkeit zu verdanken, die Maschinen in dieser Epoche für die Leute damals gewonnen hatten.[24]

In der Philosophie gibt es ein wunderbares Beispiel, das die Absurdität der totalen Ausklammerung des Todes ausgezeichnet zeigt: Stellen wir uns vor, wir lebten 100, 200, 500, 1'000, 10'000, 500'000 und mehr Jahre. Würde uns dabei nicht langweilig?! Was würde uns dazu motivieren, am Morgen aufzustehen, wenn wir alles, was wir für diesen einen Tag geplant hätten, auch in 1'000 Jahren noch unternehmen könnten? Was würde uns antreiben, ein Projekt zu lancieren, wenn wir dieses genauso gut in 5'000 Jahren in Angriff nehmen könnten? Wie würden wir eine Ewig-

[23] Hüther, S. 77ff
[24] Dito, S. 79

keit ausfüllen? So viele Tätigkeiten gibt es nicht, um dies auf dieser Welt zu tun.

Dass wir Menschen der Tatsache unserer Endlichkeit und der unserer Liebsten so lange wie möglich ausweichen und sie ignorieren, zeigt sich in manchen Gesprächen mit Hinterbliebenen. Da kann es durchaus vorkommen, dass Verwandte eines Verstorbenen, der monate- oder gar jahrelang sterbenskrank gewesen war und mit dessen Tod man eigentlich jede Minute hatte rechnen müssen, sich am Grab äusserst erstaunt zeigen, dass der Tod des Verwandten unerwartet schnell eingetreten sei. Solche Äusserungen lassen sich mit der bis zur Perfektion trainierten Verdrängung von schwierigen Lebenstatsachen erklären. Man will um keinen Preis das offensichtlich Unvermeidbare wahrhaben.

Für Menschen, die ein sterbendes Familienmitglied mit offenen Augen begleiten und die Bereitschaft zeigen, über das Sterben und den Tod zu sprechen, kommt der endgültige Abschied als Ende eines normalen Prozesses. Er kann für sie auch erlösend sein. Die Trauer ist da. Aber das schmerzvolle Bedauern, vieles verpasst zu haben, fehlt oder es hält sich zumindest in erträglichen Grenzen, denn man hat das Nötige, Richtige und Wichtige gesagt und getan.

Die «Glückskiller» ins Leben integrieren

Wenn man sich jedoch der Abgründigkeit des Lebens bewusst ist, wenn man sich immer mal wieder die Endlichkeit des Lebens in Erinnerung ruft, dann ist man sehr viel weniger überrascht vom Leiden. Es ist eine Tatsache, dass das Leben sich in Polaritäten abspielt: Zu den positiven Dingen muss es immer auch negative Dinge geben, weil sich die Spannung des Lebens sonst verliert.

Sterben und Tod

Mit dem obigen Beispiel vom 1000 Jahre und mehr dauernden Leben zeigt sich, dass der Tod eine notwendige Grenze ist, die uns anspornen soll, etwas aus unserem Leben zu machen und unser Leben intensiv zu leben. Grenzen sind wichtig, dass wir unser Leben in Angriff nehmen. In Bezug auf den Tod heisst das: Das Wissen um unsere Sterblichkeit ist ein Motor für unsere Lebensgestaltung. Wie könnten wir von Leben sprechen, wenn es das Gegenteil dazu nicht gäbe? Wenn wir uns mit der Tatsache des Todes konfrontieren, dann vergeuden wir unser Leben nicht. Der Tod ist also eine Art Korrektiv oder Orientierungshilfe.[25]

Die lettische Philosophin Zenta Maurina, die selber zeitlebens mit einer körperlichen Behinderung lebte, den zweiten Weltkrieg und das Exil in Schweden, Deutschland und der Schweiz erlebte, schreibt: «*Sub specie mortis* (unter dem Gesichtspunkt des Todes oder unter dem Gesetz des Todes) leben heisst, das Leben durch den Tod formen und nicht in seinem Schatten, sondern in seinem Lichte sinnerfüllt leben.»[26] Vorgelebt hat dies unter anderen Matthias Claudi-

[25] Wilhelm Schmid, Schönes Leben? – Einführung in die Lebenskunst, Suhrkamp Verlag 2000, S. 62ff

[26] Zenta Maurina, Über Liebe und Tod – Essays, Maximilian Dietrich Verlag, Memmingen/Allgäu 1960, S. 155

us.[27] In seinem Vermächtnis an seinen Sohn schreibt er: «Lieber Johannes! Die Zeit kommt allgemach heran, dass ich den Weg gehen muss, den man nicht wiederkommt. Ich kann Dich nicht mitnehmen und lasse Dich in einer Welt zurück, wo guter Rat nicht überflüssig ist. Ich habe die Welt länger gesehen als Du. Halte Dich an Gottes Wort. Bleibe der Religion Deiner Väter treu. Sage nicht alles, was Du weisst, aber wisse immer, was Du sagst. Nicht die frömmelnden, aber die frommen Menschen achte und gehe ihnen nach. Ein Mensch, der wahre Gottesfurcht im Herzen hat, ist wie die Sonne, die da scheint und wärmt, wenn sie auch nicht redet. Sinne täglich nach über Tod und Leben, ob Du es finden möchtest und habe einen freudigen Mut. Dein treuer Vater.»

Wie wäre es, wenn wir uns im fortgeschrittenen Alter die Zeit nähmen, um für unsere Kinder, Kindeskinder und anderen nächsten Liebsten ein Vermächtnis zu formulieren und auf Papier zu bringen? Was hätten wir ihnen zu sagen? Was wäre uns so wichtig, dass sie es wissen sollten? Welchen Rat würden wir ihnen gerne mit auf den Lebensweg geben?

Das bedeutet nicht, dass man sich ständig mit Gedanken an das Leid und den Tod die Lust am Leben vergällen soll. «Alles hat seine Zeit», sagt der Prediger. Sich seiner eigenen Endlichkeit und Fragilität bewusst zu sein, hat seine Zeit. Und das Leben in der Sonne zu geniessen, hat seine Zeit.

[27] Matthias Claudius (1740–1815) war ein deutscher Dichter und Journalist. Er schrieb u. a. das bekannte Abendlied «Der Mond ist aufgegangen»: http://de.wikipedia.org/wiki/Matthias_Claudius

Krankheit und Schmerz

Ein weiterer «Glückskiller», den es aus philosophischer Sicht ins Leben zu integrieren gilt, ist die Krankheit. Krankheit kann uns darauf aufmerksam machen, dass der Körper und die Seele besondere Pflege brauchen. Dass unser Körper alles andere als eine im Krankheitsfall reparaturbedürftige Maschine ist, haben wir gesehen. Er bildet vielmehr mit dem inwendigen Menschen (der Seele) eine Einheit. Wenn man sich im Falle einer Krankheit die Zeit nimmt zu fragen, was die erzwungene «Pause» nun bedeuten, wofür sie genutzt werden könnte, dann verwandelt sich der Feind «Krankheit» in einen Freund. Vielleicht wird er dadurch sogar zum willkommenen Freund, der mir die Chance zur nötigen Veränderung, zum Perspektivenwechsel, zur Entschleunigung des Lebens bringt.

Dies mag einleuchten und Sinn ergeben. Wenn nur der Schmerz nicht wäre, der sehr oft mit Krankheit einhergeht. Wer hat sich nicht schon eine schmerzfreie Welt gewünscht? Wenn man erstarrt vor Schmerz – wenn er alle Gedanken und Sinne gefangen nimmt, dann wünscht man nichts sehnlicher als sofortige Linderung, Befreiung, Erlösung von der Qual. Dass gerade auch körperliche Schmerzen ein notweniges Signal des Körpers sind, dass etwas nicht stimmt, ist ein wichtiger Gedanke, mit dem man sich am besten in schmerzfreien Momenten auseinandersetzt.

Der Autor Philip Yancey erzählt von seinem Gespräch mit Dr. Paul Brand, der sich sein Leben lang für Leprakranke eingesetzt hat. Dabei erklärte Brand die existentielle Wichtigkeit von Schmerzen. Er zog als Beweis die schlimmen

Folgen der Lepra heran: Entstellte Gesichter, Blindheit, fehlende Finger, Zehen oder andere Gliedmassen – dies alles Nebenwirkungen der Schmerzunempfindlichkeit. Brand war es als jungem Arzt in Indien gelungen, mit einer bahnbrechenden medizinischen Entdeckung nachzuweisen, dass die Schäden der Lepra meist deshalb entstehen, weil die Nervenenden zerstört werden. Wer sein Schmerzempfinden verliert, der verletzt sich alleine schon, wenn er nach einem spitzen Gegenstand greift oder zu enge Schuhe trägt. Da ist kein Schmerz, der dem Betroffenen signalisiert, dass er die verletzte Stelle behandeln müsste. Yancey zitiert Dr. Brand: «Ich danke Gott für die Schmerzen. Ich kann mir kein grösseres Geschenk für meine Leprapatienten vorstellen. … Ich habe festgestellt, dass die Krankheitssymptome, über die meine Patienten sich beschweren, in Wirklichkeit ein Zeichen dafür sind, dass die Heilung bereits im Gang ist. Buchstäblich jede Reaktion unseres Körpers, die wir als Reizung und mit Widerwillen betrachten – Blasen, Schwielen, Schwellungen, Fieber, Schnupfen, Husten, Erbrechen und vor allem Schmerzen – zeigt einen Reflex zur Gesundung. In all diesen Beschwerden, in denen wir normalerweise einen Feind sehen, können wir einen Grund zur Dankbarkeit finden.»[28]

Wilhelm Schmid formuliert es so: «…die prinzipielle, gewohnheitsmässige Ausschaltung von Schmerz führt zur Ignoranz gegenüber dem Impuls, dessen Sinn der Anstoss zur Sorge ist und dessen Missachtung letzten Endes nur grösseres Leid bewirkt…»[29] In diesem Sinne sind meine

[28] Philip Yancey, Warum ich heute noch glaube – Menschen, die mir halfen, die Gemeinde zu überleben, R. Brockhaus Verlag Wuppertal, 2002, S. 82–87
[29] Wilhelm Schmid, Schönes Leben? Einführung in die Lebenskunst, S. 53

körperlichen Schmerzen (wie zum Beispiel Kopfschmerzen) nach einer allzu langen Arbeitsphase am Computer ein wichtiges Signal, mir eine Pause zu gönnen.

Schön und gut. Kopfschmerzen kommen und gehen auch meistens wieder vorbei. Nur, was tun, wenn man an chronischen Schmerzen leidet? Tag und Nacht! Was, wenn die Nächte zu «Tagnächten» werden? So nennt Zenta Maurina ihre von körperlichen Schmerzen verursachten schlaflosen Nächte. Damals, im frühen 20. Jahrhundert, kannte man noch kaum Schmerztherapien. Sie hatte keine Wahl. Zum Glück hat die Forschung diesbezüglich grosse Fortschritte gemacht. Patienten mit chronischen Schmerzen müssen und sollen nicht mehr alles erdulden, sondern zumindest Linderung ihrer Beschwerden erfahren.

Meine Freundin Edith, die seit ihrem 6. Lebensjahr an Polyarthritis leidet, ist eine wahre Expertin im Umgang mit Schmerzen und Schmerzmedikamenten. Deshalb ist sie mir eine sehr willkommene und kompetente Gesprächspartnerin, wenn ich mich vor lauter Gelenkentzündungen kaum mehr bewegen kann und die Ruhe am Abend im Bett nicht mehr die erwartete Schmerzlinderung und Entspannung bringt. Mein Arzt hat mir zwar Schmerzmittel verschrieben, aber mit dem Verweis, nur ja nicht zu regelmässig davon Gebrauch zu machen. Was tun? Ohne halte ich es nicht aus! Wann beginnt die Gewöhnung des Körpers an ein Medikament? Edith tröstet mich: So viel Medikamente wie sie benötige ich noch lange nicht. Und meine Schwester Debora ermutigt mich: Wenn ich mich in meinem Körper ganz und gar nicht mehr wohlfühle, wenn mir jegliche Lebensqualität wegen der Schmerzen abhandenkommt, wenn das Arbeitspensum gross ist, viele und lange Fahrzeiten zu den Veranstaltungsorten anstehen, dann ist der Moment zum Absetzen der Medikamente nicht gegeben. Wenn ich jedoch Freiraum sehe, mich öfter zuhause auf dem Sofa entspannen kann, dann *darf* ich (dieses Wort ist für mich als Freiheitstyp enorm wichtig) den Versuch wagen, das Medikament langsam zu reduzieren und schliesslich für eine Weile gänzlich abzusetzen.

Eine Tatsache aber bleibt: Schmerzen kann man nicht schönreden. Sie tun weh! Das Schmerzempfinden jedes Menschen ist unterschiedlich. Sein Umgang damit ebenfalls. Allgemeingültige Rezepte gibt es deshalb kaum. Hilfestellungen können sein: sich mit anderen Betroffenen austauschen, sich ablenken, auf die Befindlichkeit der Seele achten.

Denkanstoss

Wo/wie habe ich in meinem persönlichen Leben «Glückskiller» (zum Beispiel Krankheit, Trennung, Tod und andere) erlebt? Wie hat mich diese Erfahrung verändert (negativ und positiv)? Was habe ich gelernt, gewonnen, verloren?

Willkommen in Holland

«Ich werde oft gefragt, wie es ist, ein behindertes Kind grosszuziehen – um Menschen zu helfen, dieses einzigartige Erlebnis besser zu verstehen, es sich vorzustellen. Es ist wie folgt: Wenn man ein Baby erwartet, ist das, wie wenn man eine wundervolle Reise nach Italien plant. Man deckt sich mit Reiseprospekten und Büchern über Italien ein und plant die wunderbare Reise. Man freut sich aufs Kolosseum, Michelangelos David, eine Gondelfahrt in Venedig, und man lernt vielleicht noch ein paar nützliche Brocken Italienisch. Es ist alles aufregend. Nach Monaten ungeduldiger Erwartung kommt der lang ersehnte Tag. Man packt die Koffer, und los geht's. Einige Stunden später landet das Flugzeug. Der Steward kommt und sagt: «Willkommen in Holland!» «Holland? Was meinen Sie mit Holland??? Ich habe eine Reise nach Italien gebucht! Mein ganzes Leben lang habe ich davon geträumt, einmal nach Italien zu fahren!» – Aber der Flugplan wurde geändert. Du bist in Holland gelandet, und da musst du jetzt bleiben. Wichtig ist, die haben uns nicht in ein schreckliches, dreckiges, von Hunger, Seuchen und von Krankheiten geplagtes Land gebracht. Es ist nur anders als Italien. – So, was du jetzt brauchst, sind neue Bücher und Reisepros-

pekte, und du musst eine neue Sprache lernen, und du triffst andere Menschen, welche du in Italien nie getroffen hättest. Es ist nur ein anderer Ort, langsamer als Italien, nicht so auffallend wie Italien. Aber nach einer gewissen Zeit an diesem Ort und wenn du dich vom Schrecken erholt hast, schaust du dich um und siehst, dass Holland Windmühlen hat… Holland hat auch Tulpen. Holland hat sogar Rembrandts. – Aber alle, die du kennst, sind sehr damit beschäftigt, von Italien zu kommen oder nach Italien zu gehen. Und für den Rest deines Lebens sagst du dir: «Ja, Italien, dorthin hätte ich auch reisen sollen, dorthin habe ich meine Reise geplant.» – Und der Schmerz darüber wird nie und nimmer vergehen, denn der Verlust dieses Traumes ist schwerwiegend. – Aber…wenn du dein Leben damit verbringst, dem verlorenen Traum der Reise nach Italien nachzutrauern, wirst du nie frei sein, die speziellen und wundervollen Dinge Hollands geniessen zu können.»

Das seelsorgerliche Fundament im Umgang mit Leid

Jetzt geht es ganz besonders um die Sorge für die Seele, die bei einem Schicksalsschlag speziell gefährdet ist und deshalb unsere besondere Aufmerksamkeit braucht. Unsere Seele ist ein zerbrechliches Geschöpf.

Unter «Seele» verstehe ich den Teil des Menschen, den man oft auch «Persönlichkeit» nennt. Zumindest schreibt man ihr das zu, was ein Individuum einzigartig macht. Man kann sagen, dass die Seele das Zentrum der Gefühle und Emotionen, Neigungen und Abneigungen, Fähigkeiten, Stärken und Schwächen, Hoffnungen und Träume ist.[30] Zudem benutzt die Bibel den Begriff der Seele, um den Menschen in seiner Bedürftigkeit zu beschreiben. Wenn nun also ein grosser Lebenstraum aufgrund eines Schicksalsschlags in die Brüche geht, dann trifft uns das unweigerlich im Innersten, in unserer Seele. Deshalb braucht es Seelsorge.

Wir lernen auf dem seelsorgerlichen Fundament uns selber, aber auch andere und ihren Umgang mit Leid besser kennen. Das wiederum hilft uns, in einem Prozess mit uns und anderen geduldig das Leiden zu verarbeiten.

Bezüglich der Aspekte dieses Fundaments stütze ich mich auf das Buch «Leiden» von Dorothee Sölle.[31] Darin skiz-

[30] James M. Boice, Foundations of the Christian Faith, IVP Repr. 1986, S. 156
[31] Dorothee Sölle, Leiden, Herder / Spektrum Verlag 1993, S. 88–95

ziert sie drei unterschiedliche Phasen, die viele leidende Menschen durchlaufen. Im Leidensprozess können sich diese Phasen wiederholen, oder die eine wird ausgelassen, um sie erst viel später nachzuholen. Aber jede Phase hat ihre Berechtigung. Es ist wichtig, sie nicht mit frommen Worten zu übertünchen, sondern sie zuzulassen.

Ganz bewusst habe ich mich für das Modell von Dorothee Sölle entschieden. Dies aus zwei Gründen: Zum einen ist respektive war Sölle wie ich Theologin und nicht Psychologin. Das Thema «Leid» beschäftigt uns also in erster Linie aus theologischer Sicht. Zum anderen deckt das Modell von Sölle meines Erachtens die wichtigsten seelsorgerlichen Aspekte ab.

Die Zeit der Sprachlosigkeit

Ich halte in einer Reformierten Kirchgemeinde im Aargau einen Vortrag zum Thema «Umgang mit Leid». Wie so oft in solchen Situationen ist mein Publikum bunt gemischt: von Konfirmanden, die nicht ganz freiwillig den Abend im Kirchgemeindehaus verbringen, über Frauen und Männer im mittleren Alter, bis hin zu hoch betagten Senioren. Alle sitzen erwartungsvoll da, und ich frage mich: «Wie kann ich ihnen gerecht werden?» Aus menschlicher Sicht ein Ding der Unmöglichkeit. Vor allem um die Jugendlichen mache ich mir Sorgen. Wird das vierzigminütige Referat (eher für Erwachsene gedacht) nicht zu lang und zu langweilig für sie werden?

Nach der Veranstaltung erzählt mir die örtliche Pfarrerin Folgendes: Unter den jungen Menschen hat ein Mädchen gesessen, das tatsächlich infolge der Trennung und Scheidung der Eltern seine Sprache für einige Monate verloren hatte. Sie sei froh, dass ich ausführlich über die Zeit der Sprachlosigkeit im Umgang mit Leid gesprochen hätte. Ein weiteres Mädchen trage seit langem eine Perücke, da es sich aus seelischer Not heraus ständig seine Haare ausreisse. – Mit diesem Bericht erklärt sich mir die volle Aufmerksamkeit der jungen Zuhörenden während des ganzen Referats und der anschliessenden Fragerunde.

Es gibt Formen des Leidens, die zum Verstummen zwingen, in denen kein Gespräch mehr möglich ist. Der Mensch hört auf, als menschliches Subjekt zu reagieren. Extreme äussere Bedingungen lassen den Betroffenen gar keine Möglichkeit mehr, sich so oder so zu verhalten, zu agieren, andere Erfahrungen zu machen oder Massnahmen zu ergreifen.

Das extreme Leiden privatisiert den Menschen total: In der heutigen Zeit bedeutet «privat», dass etwas persönlich und vertraulich ist. Etymologisch kommt das Wort vom lateinischen «prīvātus» her, was so viel bedeutet wie «der Herrschaft beraubt sein», «von der Öffentlichkeit abgesondert sein».[32]

Im Leid ist der Mensch also der Herrschaft über sein Leben beraubt und isoliert. Das Leid zerstört die Fähigkeit des

[32] Etymologisches Wörterbuch des Deutschen, dtv, München, 5. Aufl. Juli 2000, S. 1044

Menschen zur Kommunikation. Über die Nacht des Schmerzes, im Wahnsinn der unheilbaren Krankheit, lässt sich zuerst einmal *gar nichts* sagen. Menschen, die in ihr vegetieren, können von anderen nicht oder nur sehr schwer erreicht werden. Trotzdem darf man den Versuch nicht aufgeben.

Wie reagieren wir, wenn wir einen Menschen in seiner Not begleiten? Formulieren wir sofort Antworten, biblische Erklärungen, Trost? Oder können wir auch einfach mal schweigen? Halten wir die Stille aus?

Nicht vergebens sagt der Volksmund: «Reden ist Silber, Schweigen ist Gold.» Es gibt Momente, in denen wir gut daran tun, dies zu beherzigen, so schwer es uns auch fällt. «Uf ds Mu hocke», sagt der Berner. Für den Menschen im Leid ist es doch, als müsse jetzt die Welt stillstehen. Indem wir mit ihm seine Sprachlosigkeit aushalten, respektieren wir dieses Gefühl. Wir hetzen nicht gleich weiter zum nächsten «Programmpunkt».

In dieser Zeit ist auch in Bezug auf Berührungen Vorsicht geboten. Nicht jeder Mensch mag es, in den Arm genommen, bei der Hand gehalten zu werden. Für manche ist Berührung angenehm. Für andere nicht. Auch wenn wir die Person gut zu kennen glauben; eine unter Schock stehende Person reagiert anders, hat vielleicht ganz andere Bedürfnisse als sonst. Also bieten wir die Berührung an, wenn wir selber fähig sind, sie zu geben, und achten gut auf die Reaktion. Ein Kopfschütteln oder ein Nicken muss uns als Hinweis genügen.

Wie gerne ziehen sich viele Aussenstehende gerade in diesem Lebensabschnitt von dem Leidenden zurück. «Was sagt man denn da?», fragen wir uns. «Was kann ich denn schon tun?» Aus Angst, etwas falsch zu machen, tun wir gar nichts. Wir schieben den Spitalbesuch oder das Schreiben eines Briefes hinaus, bis es zu spät ist. Das müsste nicht sein, wenn wir den Mut aufbrächten, zu unserer Hilflosigkeit zu stehen, trotzdem einen Spitalbesuch wagten, um dort mit dem Leidenden allenfalls bloss zu schweigen.

Denkanstoss

Wie ertrage ich die Stille? Kann ich sie aushalten, auch im Angesicht einer schlimmen Situation? Oder habe ich die Tendenz, sie möglichst schnell mit Worten und Taten auszufüllen?

«Still liegen und wenig denken ist das wohlfeilste Arzneimittel für alle Krankheiten der Seele.»

Friedrich Nietzsche: Werke I - Menschliches, Allzumenschliches, 6. Aufl. Frankfurt/M u. a.: Ullstein, 1969, S. 861, Zweiter Band, Vermischte Meinungen und Sprüche Nr. 361

Die Zeit der Klage

Kennen Sie das Gemälde «Der Schrei»[33] des norwegischen Malers Edvard Munch? Ohne Worte drückt es Klage in ihrer Essenz aus.

Das Bild ist ca. 80 x 60 cm gross und mehrheitlich in Rot, Orange sowie verschiedenen Blautönen gehalten. Dadurch scheint es, als stehe der Himmel in Flammen. Im Vordergrund steht der Schreiende auf einer Brücke. Oder ist es eine Uferstrasse? Sein Gesicht mahnt an einen Totenkopf und ist geprägt von den leeren Augen, dem aufgerissenen Mund und den grossen Händen, mit denen er sich die Ohren zuhält.

In der klagenden Phase geht es darum, eine Sprache zu finden, die aus dem unbegreiflichen und stumm machenden Leid herausführt, eine Sprache des Schreiens und der Schmerzen, die wenigstens sagt, was Sache ist, ohne dafür einen Namen zu haben.

Das Wort «Klage» (auch Wehgeschrei, Totenklage, Gerichtsklage) geht auf den Brauch zurück, beim Entdecken eines Verbrechers lautes Hilfegeschrei zu erheben und ihn mit Schreien vor Gericht zu ziehen.[34]

[33] **Der Schrei** (norwegisch *Skrik*, deutsch zum Teil auch *Geschrei*) ist der jeweilige Titel von vier nahezu identischen Gemälden des norwegischen Malers Edvard Munch, die zwischen 1893 und 1910 entstanden. *Der Schrei* gilt neben Leonardo da Vincis *Mona Lisa* und Vincent van Goghs Variationen der *Sonnenblumen* als eines der bekanntesten Gemälde weltweit sowie als expressionistisches Meisterwerk: http://de.wikipedia.org/wiki/Der_Schrei

[34] Etymologisches Wörterbuch des Deutschen, S. 659

Diese Zeit ist geprägt von der Warum-Frage, der Suche nach Schuldigen und auch von der Gottesanklage. Dabei gilt es zu bedenken, dass Gott unsere Gedanken von ferne versteht. So überliefert es uns Psalm 139,2. Also dürfen wir sie getrost laut formulieren, mögen sie uns noch so dunkel und sündig erscheinen. Gott fürchtet sich nicht vor Wut, Zorn, Hass, Mordlust, Todessehnsucht, Verzweiflung, Enttäuschung, Anschuldigungen. Bei ihm sind unsere finstersten Gefühle und Gedanken – ob ausgesprochen oder nicht – gut aufgehoben.

Die in Worte gefasste Klage ist nur eine Form, dem erfahrenen Leid Ausdruck zu geben. Ludwig van Beethoven[35] fand in der Musik eine andere. Der grosse Komponist und Pianist litt unter dem stetigen Verlust seines kostbaren Gehörs. Viele Menschen, wenn man sie fragt, was ihnen denn schlimmer vorkomme, das Augenlicht oder das Gehör zu verlieren, meinen, ohne lange zu überlegen: «Das Erstere!» Fachleute jedoch sind sich einig: Blindheit trennt von Dingen, Gehörlosigkeit aber von Menschen, was um ein Vielfaches schwieriger zu ertragen ist, weil sie in die Isolation führen kann.

Nun stelle man sich das musikalische Genie Beethoven vor! Sein Kapital, Instrument und Werkzeug kommt ihm langsam aber unwiederbringlich abhanden. Trotzdem komponiert er weiter, zuerst trotz Hörproblemen mit grosser Produktivität. Doch dann verschlechtert sich sein Gehör zunehmend (ab 1812), was ihn zwingt, seine Pianis-

[35] Beethoven wurde am 17. Dezember 1770 in Bonn, Kurköln getauft; er starb am 26. März 1827 in Wien, Österreich: http://de.wikipedia.org/wiki/Ludwig_van_Beethoven

ten-Tätigkeit aufzugeben. Zuerst kommuniziert er mit Hilfe von Hörrohren, bis er schliesslich das Gehör ganz verliert. Danach benutzt er Konversationshefte, in denen die Gesprächspartner ihre Aussagen notieren. Hört man sich seine späteren Werke (ab 1798) im Wissen um dieses grosse Leid an, vernimmt man darin auch seine Wut, Klage, Verzweiflung und die Sehnsucht nach dem Tod.

Die Psalmen sind eine weitere Form der Klage. Ein Drittel aller Psalmen in unserer Bibel sind Klagepsalmen. Dies ist ein beträchtlicher Anteil, der zeigt, wie schwer das Leben für Menschen in allen Jahrhunderten war und ist. Nur ein Beispiel sei hier zitiert: Psalm 55, 3–6

«Ich irre umher in meiner Klage. Ich bin in Unruhe ob des Lärmens der Feinde, ob des Schreiens der Gottlosen. Mein Herz ängstigt sich in meiner Brust, und die Schrecken des Todes befallen mich. Furcht und Zittern kommt mich an, und Grauen bedeckt mich.»

Die Zeit der Klage, des Aussprechens von Schmerz, das Stadium der Psalmen ist unaufgebbar. Wer meint, sich nie beklagen zu dürfen, überfordert seine Seele. Wer sich jeglichen Frust und Zorn und alle Tränen untersagt, ist in Gefahr zu verhärten, in Depression und/oder Bitterkeit zu verfallen. Die Offenheit und Ehrlichkeit, mit denen die Psalmisten ihre Wut, ihre Rachegelüste und Enttäuschung in Worte fassen, darf uns ermutigen, in ähnlicher Weise unser Herz vor Gott auszuschütten.

Dabei kann es hilfreich sein, einen eigenen Klagepsalm zu formulieren oder in der Seelsorge alle Anklagepunkte, die man gegen Menschen und Gott im Herzen und in Gedanken mit sich herumschleppt, zu erörtern und sie im Gebet niederzulegen. Dabei soll selbstverständlich auch das Thema Vergebung angesprochen werden, aber nicht als erster Gesprächspunkt, sondern als weiterführender und abschliessender.

Seit bald zehn Jahren werde ich immer wieder eingeladen, auch mit Kindern über das Thema Leid zu sprechen. Im Pre-Teens Programm[36] der Reformierten Kirche Lyss/Wyler ist dieses Thema ein fester Bestandteil.

Heute, am 12. März 2014, ist es wieder mal so weit. Ich sitze vor einer Gruppe von 36 Kindern. Gespannte und neugierige Gesichter, alle mir zugewandt. Ich beginne mich vorzustellen, komme aber nicht weit. Schon fliegen die ersten Hände hoch, um Fragen zu stellen. Darauf bin ich vorbereitet und beantworte 20 Minuten lang die drängenden Fragen. Dann leite ich über zum Thema. Ich beziehe die Kinder mit ein. Ein Brainstorming, danach ein kurzer Input, dann ein Austausch in zweier-Gruppen zur Frage: «Was hat euch schon geholfen, mit Leid umzugehen?»

Die meisten der Kinder kommen aus christlichen Familien. Doch meine Befürchtung, sie würden deshalb bloss vorgefertigte, aufgesetzt fromme Lösungsansätze äussern, verflüchtigt sich schnell. Die ganze Palette von Hobbys wird aufgezählt – Schlagzeug spielen scheint ein Favorit!

[36] Das Pre-Teensprogramm ist ein Lebens- und Glaubenskurs für Kinder zwischen 10 und 12 Jahren – d. h. Kinder kurz vor dem Teenageralter.

Sehr gut, denke ich. Welch ein ausgezeichnetes Instrument, um so richtig Dampf abzulassen. Ein Junge outet sich ungeniert, ihm helfe es, ins Kissen zu heulen. Jetzt ist Guido Jutzi, der Ortspfarrer, der für mich am Flipchart steht und die Vorschläge der Kinder notiert, gefordert. Ein Kissen soll er zeichnen? Er könne das mehr schlecht als recht. Ein Junge aus der Gruppe lässt sich erweichen und zeichnet unter allgemeinem Hallo das Gewünschte.

Beglückt und erfüllt beende ich die Unterrichtseinheit mit einem Gebet für die Kinder. Gott allein weiss, was sie auf ihrem Lebensweg noch erwarten wird, an Schönem und Schmerzlichem. So lege ich sie ihm hin. Möge er es schenken, dass diesen Kindern der bis jetzt so geerdete Glaube an Gott erhalten bleibe – was auch immer kommen mag.

Denkanstoss

Erlaube ich mir, auch mal so richtig zu klagen?
Vorschlag: *Nehmen Sie ein leeres Blatt Papier und verfassen Sie Ihren ganz persönlichen Klagepsalm.*

Habe ich die Tendenz, aus dem Jammern nicht mehr herauszukommen?
Vorschlag: *Nehmen Sie ein leeres Blatt Papier und schreiben Sie all die Dinge auf, für die Sie dankbar sein können. Beginnen Sie mit den ganz alltäglichen Dingen (zum Beispiel: das warme Bett, das Dach über dem Kopf, die funktionierenden Hände, Augen, Ohren und so weiter).*

PSALM 171
AUS DER TIEFE MEINER SEELE
SCHREIE ICH ZU DIR MEIN GOTT.
ÜBER FELDER, ÜBER WÄLDER, ÜBER WASSER,
ÜBER FELSEN, ÜBER BERGE, RUFE ICH
ZU DIR.
DU HÖRST MEINE STIMME,
DU HÖRST DAS KAUM GESPROCHENE WORT.
DU ERLEUCHTEST MEIN HERZ,
DU DURCHDRINGST DEN HIMMEL MIT STRAHLEN
DER HOFFNUNG.
DU KENNST MEIN RUHIGES VERTRAUEN.
ICH BIN GERN IN DEINER HAND GEBORGEN.
TROST IST DEINE STÄRKE
UND GELIEBT BIN ICH VON DIR.
AMEN

Verfasser: Angelo (Künstlername eines jungen Mannes mit Autismus), 6. Juli 2008, Angelo schreibt seine Psalmen immer in roten Grossbuchstaben.

Die Zeit der Veränderung

So kann es nicht weitergehen! Jetzt muss sich etwas ändern!

So oder ähnlich tönen die Gedanken nach Monaten der Trauer, Enttäuschung und seelischen Schmerzen. Eine innere Stimme empört sich gegen das Dunkle, das einem den Lebensatem stiehlt und jede Freude im Keim erstickt. Die Welt dreht sich weiter, auch wenn die eigene stillgestanden ist. Die Jahreszeiten lösen sich ab, obwohl man innerlich lange im Winter stecken geblieben ist. Der Frühling kommt und mit ihm neues Leben. Auflehnung gegen Lähmendes bahnt sich einen Weg an die Oberfläche. Veränderung, Erneuerung ist angesagt. In der Arie aus der Bachkantate BWV 135 wird diese Zeit prägnant besungen:

«Weicht, all ihr Übeltäter
Mein Jesus tröstet mich!
Er lässt nach Tränen und nach Weinen
Die Freudensonne wieder scheinen;
Das Trübsalswetter ändert sich,
Die Feinde müssen plötzlich fallen
Und ihre Pfeile rückwärts prallen.»

Die jüdische Pianistin Alice Herz-Sommer, die am 23. Februar 2014 mit 110 Jahren verstorben ist, beschreibt, wie sie den Verlust ihrer Mutter, die von den Nazis ermordet wurde, überwinden konnte. Niemand und nichts vermochte sie aus ihrer tiefen Depression zu befreien, weder Ärzte noch ihr Mann oder ihr kleiner Sohn. Bis eines Tages eine innere Stimme sie aufgefordert habe: Du kannst dir selber helfen. Spiele die 24 Chopin Etüden (etwas vom Schwierigsten, was sich ein Pianist vornehmen kann). Das Üben dieser Musik habe sie schliesslich geheilt, erzählt Frau Herz-Sommer, als sie schon hoch betagt ist.[37]

In der Zeit der Veränderung wird nun das bloss reaktive (auf die Situation reagierende) Verhalten ersetzt durch das aktive. Mit anderen Worten: Die leidende Person reagiert nicht mehr bloss auf die schmerzliche Situation, sondern beginnt, sie aktiv zu verändern. Der Weg führt aus der Isolation des Leidens über die Kommunikation in der Klage zur Solidarität der Veränderung.

Dieser Prozess kann noch einmal extrem schmerzhaft sein, weil er zunächst das Leiden verstärkt, indem alle seine Verschleierungen (Verharmlosungen – Beschönigungen) aufgehoben werden. Wer sich aufmacht zu einem Leben mit dem Schmerz, mit dem Verlust, mit der Angst, der hat einen harten und arbeitsreichen Weg vor sich. Menschen auf diesem Weg brauchen sehr viel Kraft für die bevorstehende Arbeit. Thomas von Aquin sagt treffend: «Für Wunder muss man beten, für Veränderungen aber arbeiten.» In diesem Moment kann Unterstützung von Aussenstehenden (zum Beispiel von Freunden oder Bekannten) sehr hilfreich sein. Hilfe soll man anbieten, aber niemals aufdrängen. Der Mensch in Not braucht Ermutigung, aber nicht Bevormundung. Er ist ein eigenständiges Wesen – ein Exper-

[37] Radio SRF 2 Kultur, Passage: Von der Hölle ins Paradies – das Leben der Alice Herz-Sommer, 26. Februar 2014, 15.03h – siehe dazu auch das Buch: Melissa Müller und Reinhard Piechocki: Alice Herz-Sommer, Ein Garten Eden inmitten der Hölle – Ein Jahrhundertleben, Droemer HC 2006

te für das, was er braucht oder nicht braucht, für das, was er will oder nicht will.

Jetzt beginnt der leidende Mensch, sich Gedanken zu machen wie das künftige Leben aussehen soll. Was soll beim Alten bleiben? Welche Veränderungen werden gewünscht? Wenn Neuausrichtungen anstehen: Wie sollen sie konkret aussehen? Welche Schritte will man wagen? Wo braucht man Hilfe? Was will oder kann man alleine schaffen?

Interessant ist, dass in der Definition von «Veränderung» keine Bewertung enthalten ist. Die helfende, tröstende und Rat gebende Person tut deshalb gut daran, sich in der Bewertung und Beurteilung einer gesuchten und gewünschten Veränderung zurückzuhalten. Von aussen mag eine Veränderung radikal, brutal und gnadenlos erscheinen. Aus der Sicht eines Betroffenen ist sie jedoch sinnvoll, hilfreich und lebensrettend.

Wie schnell werden unverständliche Schritte verurteilt! Wie gut, dass Jesus uns Menschen so gut kennt und genau diesen wunden Punkt anspricht: «Richtet nicht, damit ihr nicht gerichtet werdet. Denn nach welchem Recht ihr richtet, werdet ihr gerichtet werden; und mit welchem Mass ihr messt, wird euch zugemessen werden.»[38] Es ist bestimmt nicht einfach, nach Monaten, in denen man vielleicht tagtäglich gebraucht wurde, nun plötzlich loslassen zu müssen. Doch genau dieser Schritt ist für die betroffene Person wichtig und mindestens genauso hilfreich wie das Vorhergegangene.

[38] Martin Luther, *Die Bibel (1984)*; 2004, S. Mt 7,1–2

Denkanstoss

Welche konkreten Schritte möchte/kann ich unternehmen, damit sich meine schwierige Lebenssituation verändert? Wer oder was kann mir dabei helfen? Wer kann mich unterstützen?

Kleine Schritte im geistlichen Leben

«Alltag: Mein Kreuz tut weh. Das ist aber auch das einzig Christliche an diesem grauen Tag.

Guter Rat: Täglich beten, aber wie? Ganz egal, meint der Pater, doch keinesfalls nie. Frag nicht lang: wie oder was, Hauptsache dass!

Glaubens-Fortbildung: Nach dem ersten Vortrag dachte ich mir dort: Noch so ein Wort, und mein Glaube ist fort!

Vaterunser: So wie es lautet, konnte allein der göttliche Sohn es uns lehren. – Hätten wir's formuliert, das Wort ‹ich› käme siebenmal drin vor.

Variante: Das Gebet, fällt mir ein, meint nicht nur Bitten, Empfangen und Nehmen. – Gebet, dieses Wort sollte man ruhig auch mal auf der ersten Silbe betonen.»

Aus: Lothar Zenetti, Auf Seiner Spur. Texte gläubiger Zuversicht,

Schluss

Im März 2013 reisen meine Freundin und ich mit dem Zug nach Dresden. Der wichtigste Programmpunkt unseres Aufenthalts ist für mich der Konzertbesuch in der Frauenkirche. Die Johannespassion von Johann Sebastian Bach steht auf dem Programm. Zum eisig-kalten Nordwind und dem Schneefall würde gefühlsmässig eher das Weihnachtsoratorium passen. Aber es ist kurz vor Ostern, und die Kälte unterstreicht in gefühlter Weise das Karfreitagsgeschehen. So machen wir uns, gut eingewickelt in die wärmsten Winterkleider, auf den Weg durch das Neustadtquartier über die Augustusbrücke ans rechte Elbufer, vorbei an der Hofkirche-Kathedrale, durch die Augustusstrasse am imposanten Fürstenzug[39] entlang, dann durch die Töpferstrasse bis zur Frauenkirche. Ein Türsteher betätigt den Treppenlift, der mich ins Innere des imposanten Baus führt.

Kurz vor dem Ende des 2. Weltkrieges wurde die Stadt Dresden von den Alliierten in Schutt und Asche gelegt – mit ihr auch die Frauenkirche. Am 15. Februar 1945 stürzte die ausgebrannte Kirche in sich zusammen und blieb über vier Jahrzehnte als Ruine bestehen – zur Erinnerung an die Zerstörung Dresdens und die Schrecken des Krie-

[39] Der **Fürstenzug** in Dresden ist ein überlebensgrosses Bild eines Reiterzuges, aufgetragen auf rund 23'000 Fliesen aus Meissner Porzellan. Das 102 Meter lange, als grösstes Porzellanbild der Welt geltende Kunstwerk stellt die Ahnengalerie der zwischen 1127 und 1904 in Sachsen herrschenden 35 Markgrafen, Herzöge, Kurfürsten und Könige aus dem Geschlecht des Fürstenhauses Wettin dar: http://de.wikipedia.org

ges. Ende der 1980er Jahre setzten sich namhafte Persönlichkeiten für den Wiederaufbau ein und begannen, Spenden zu sammeln. Der Wiederaufbau rückte jedoch erst nach der friedlichen Revolution 1989 und der Wiedervereinigung Deutschlands in greifbare Nähe. Am 20. September 2005 wurde der Bau vollendet und im Oktober eingeweiht.[40]

In diesem prächtigen Kirchenraum also lassen wir uns von der Passion Jesu berühren – meisterhaft vertont von J. S. Bach, den man auch den fünften Evangelisten nennt, weil seine Musik das Evangelium verkündet und Menschenherzen auf ganz wunderbare Weise ergreifen kann. Inhaltlich besteht die Johannespassion aus Texten der Passionsgeschichte des Johannesevangeliums Kapitel 18 und19 sowie aus zwei kurzen Einschüben aus dem Matthäusevangelium Kapitel 26,75 und 27,51+52. Vertont werden sie in Rezitativen und Turbae-Chören[41]. Dazu kommen ein Eingangs- und ein Schlusschor sowie Arien und Choräle. «Letztere haben auslegenden und meditativen Charakter. In ihnen besinnt sich der einzelne Gläubige beziehungsweise die gläubige Gemeinde darauf, was diese Passion für sie bedeutet und wo sie selbst in dieses Geschehen einbezogen sind.»[42]

[40] http://www.frauenkirche-dresden.de

[41] **Turba** (lat. «Schar», «Volkshaufen», aber auch «das Getümmel», «der Trubel», «der Lärm»[1], pl. *Turbae*) ist die Fachbezeichnung für Chöre, die in Passionen, Oratorien und anderen geistlichen Musikwerken Menschengruppen darstellen, die am Geschehen unmittelbar beteiligt sind, im Gegensatz zu den Chören, die die Handlung reflektieren oder kommentieren: http://de.wikipedia.org/wiki/Turba

[42] http://www.gerhkolb.onlinehome.de/Johannespassion/Johannespassion%20musikalisch.htm

Während sich das Passionsgeschehen musikalisch entfaltet, kämpfe ich mit den Tränen. Ich bin tief berührt. Mir wird einmal mehr bewusst, was Christi Liebe für mich ihn gekostet hat. Der letzte Ton des Schlusschorals verklingt in der riesigen barocken Kuppel. Es wird nicht geklatscht. Das Programmheft hat uns darauf vorbereitet. Langsam erheben sich die Solisten, das Orchester, der Chor und schliesslich das ganze Publikum. Für einige Minuten wird es mucksmäuschenstill, man könnte eine Stecknadel fallen hören. Die Stille ist in diesem Moment das einzig Richtige, denn sie drückt mehr aus als lauter Jubel und kräftiger Applaus: die Ehrfurcht vor dieser heilbringenden Geschichte, dem Schöpfer dieses grossartigen Werks und vor dem Dirigenten und ausführenden Chor, den Musikerinnen und Musikern, Solistinnen und Solisten.

Die Johannespassion endet mit folgendem Libretto:

Chorus:
«Ruht wohl, ihr heiligen Gebeine,
Die ich nun weiter nicht beweine,
Ruht wohl und bringt auch mich zur Ruh!

Das Grab, so euch bestimmt ist
Und ferner keine Not umschliesst,
Macht mir den Himmel auf und schliesst die Hölle zu.

Choral:
Christe, du Lamm Gottes,
Der du trägst die Sünd der Welt,
Erbarm dich unser!
Christe, du Lamm Gottes,

Der du trägst die Sünd der Welt,
Erbarm dich unser!
Christe, du Lamm Gottes,
Der du trägst die Sünd der Welt,
Gib uns dein'n Frieden. Amen.»

Das soll auch mein Wunsch und Gebet sein in allem, was dieses Leben mir noch bringen wird: dass nach dem letzten Kampf, der mein Sterben sein wird, meine Gebeine ruhen und ich einst mit Christus auferstehen werde – dass durch Jesu Tod mir der Himmel offensteht.

ZWEITER TEIL

INS GLÜCK GEWACHSEN

Einleitung

Winter 2014: Ich sitze bei meiner Schwester am Esstisch. Debora steht in der Küche und bereitet das Nachtessen zu. Köstliche Düfte wehen durchs Haus. Mein Schwager Reto gesellt sich zu uns und holt aus seiner Arbeitsmappe den Tagesanzeiger hervor. Ein Artikel mit dem sinnigen Titel: «Wo man die Glücklichen findet» hat sein Interesse geweckt, und nun will er uns die darin veröffentlichten Tipps «So werden Sie glücklicher»[43] vorlesen:

Der erste Tipp bringt mich so sehr zum Lachen, dass mir die Tränen kommen. Da steht: «Heiraten Sie!» Na, endlich sagt mir jemand, weshalb ich als Single so «unglücklich» bin! So schnell fliegt das Fazit meiner eigenen Studie (das da lautet: Ehe = konstanter Stress und Problembescherer – ganz im Sinne von: Mit einem Liebespartner kannst du Probleme lösen, die du alleine nicht hast) zum Fenster hinaus.

Beim zweiten Tipp wird's ernster: «Helfen und spenden Sie!», und auch beim dritten kann ich mithalten: «Machen Sie sich selbständig!» Beim vierten und fünften Tipp ist mir schliesslich klar, dass sich da jemand tatsächlich die Mühe gemacht hat, fundiert zu forschen: «Gehen Sie zur Kirche!» und «Finden Sie Ihren (individuellen[44]) Weg zum Glück!» Da steht: *«Nicht alle werden auf dieselbe Weise*

[43] Tagesanzeiger vom 12.11.14 zitiert Bruno S. Frey und Claudia Frey Marti, Glück. Die Sicht der Ökonomie, Rüegger-Verlag
[44] Von der Autorin eingefügt.

glücklich. Allgemeingültige Regeln gibt es daher nicht, die Glücksforschung kann uns aber Hinweise geben. Ihr zufolge hilft auch, wenn man nicht zu hohe Erwartungen hat. So ist das Glas öfter halb voll als halb leer. Rund die Hälfte der Zufriedenheit können wir aber nicht beeinflussen. Sie ist vererbt.»

Im Folgenden möchte auch ich über das Glück nachdenken. Wie benutzen wir das Wort «Glück» im Alltag? Was verstehen wir darunter? Was prägt unser Verständnis von Glück? Stimmt es, dass wir unserem angeborenen Naturell, unseren Erbanlagen, einen beträchtlichen Teil unseres Unglücklichseins in die Schuhe schieben dürfen? Ist es möglich, ein glückliches Leben zu führen, auch dann, wenn wir von Schicksalsschlägen gebeutelt werden?

Wir sind keine Eremiten

Eine erste wichtige Erkenntnis, um möglichen Antworten auf diese Fragen auf die Spur zu kommen, ist: Wir sind keine Einsiedler. Ich glaube kaum, dass irgendjemand, der sich die Mühe macht, diese Ausführungen zu lesen, als absoluter Eremit lebt. Das heisst, keiner von uns lebt in Einsamkeit und Abgeschiedenheit – weit weg von jeglicher Zivilisation. Im Gegenteil! Wir alle leben mehr oder weniger eingebettet in unsere Familien, sind umgeben von Freunden, Bekannten und Nachbarn, leben in einer europäisch-westlichen Gesellschaft. Wir werden tagtäglich mit einer Flut von Informationen konfrontiert. Die Medienlandschaft ist riesig. Ihre Botschaften sind vielfältig und beeinflussen unser Denken und Handeln.

Was wir sind, was wir denken und wie wir reden, ist meist unbewusst geprägt von all diesen Aspekten: von unserer Kindheit, Erziehung und Jugend, von unserem engen und weiten Umfeld als Erwachsene, von den Medien, von dem, was wir lesen, hören und sehen.

Dazu ein Beispiel aus meinem Leben bezüglich meiner Skepsis und Inflexibilität neuen Medien gegenüber:

Im Februar 2015 habe ich mich nach einjährigem Hin und Her endlich dazu überwinden können, ein neues Handy zu kaufen. Mein altes hatte noch funktioniert, aber doch «gehustet». Die kleinen Tasten liessen sich teilweise nur noch schwer drücken. Für mich ein klares Warnsignal: Irgendeines schönen Tages steigt es gänzlich aus, wahrscheinlich sogar im dümmsten Augenblick – ich mutterseelenallein irgendwo im Grossen Moos, kein Mensch in Sicht und mit keiner Möglichkeit, helfende Hände herbeizurufen. Diese warnende Stimme im Ohr war schliesslich lauter und drängender als meine ethisch-ökologischen Bedenken, die ich von Kindheit an mitgekriegt habe, und die mich bis heute massgebend prägen.

Meine Eltern «bekehrten» sich nach meiner Geburt zu einer möglichst ökologischen und biologischen Landwirtschaft. Dazu kam es folgendermassen: Sie fanden heraus, dass meine Behinderung mit grosser Wahrscheinlichkeit von den Dämpfen eines hochgiftigen Laugemittels verursacht worden war, das sie auf Empfehlung von Fachleuten benutzt hatten. Das Erleben der erschreckenden Auswirkung eines chemischen Mittels auf die körperliche Entwicklung eines Fötus, bedeutete eine Wende in ihrem Leben. Schon vorher war ihnen die Natur wichtig gewesen. Doch nun begannen sie, sich mit noch grösserem Engagement für eine nachhaltige, ökologische Landwirtschaft und für die Erhaltung der Landschaft einzusetzen. Das ökologische Denken vermittelten sie auf positive Art und Weise auch uns Kindern. Sie lehrten uns die Schönheit der Natur zu sehen. Sie erklärten uns die Verantwortung der Menschen, dieses grosse Geschenk zu bewahren. Nicht die menschliche Gier nach mehr Geld und Profit sollte im Mittelpunkt stehen, sondern die Bewahrung der Schöpfung.

Dieses Denken prägt mich bis heute. Es beeinflusst auch mein Konsumverhalten und liess mich eben ein Jahr lang zögern beim Handykauf. Immer wieder hielt ich mir den menschenverachtenden und umweltschädigenden Abbau der Seltenen Erden vor. Ich erinnerte mich an die steigenden Abfallberge und das bestärkte mich in meiner Überzeugung, dass ein neues elektronisches Spielzeug absolut unnötig sei.

Dies alles zu Recht, wie mir das Magazin «Perspektiven» von *Brot für alle*[45] vom September 2015 einmal mehr glasklar vor Augen führt. Wir Schweizer können uns nicht so einfach aus der Verantwortung ziehen. Wir sind die Käufer und Nutzer vieler elektronischer Geräte, und über kein Land werden mehr Rohöl, Metalle und Getreide gehandelt als über unseres. 2014 stammten die fünf umsatzstärksten Unternehmen in der Schweiz aus dem Rohstoffhandel.[46] Dass mich solche Fakten nicht kalt lassen und mein alltägliches Handeln beeinflussen, ist für mich klar, richtig und wichtig.

Wer wir sind, was wir denken und reden, wie wir handeln – all diese Dinge werden mitgeformt von unserem Umfeld. Genauso ist auch unser Reden übers Glück und unser Verständnis von Glück geprägt von der Welt, in der wir leben.

[45] *Brot für alle* ist die Entwicklungsorganisation der Evangelischen Kirchen der Schweiz.
[46] Aus dem Magazin «Perspektiven», September 3/2015, S. 9–10

Unser Reden übers Glück

Reden und verstehen gehen Hand in Hand. Es ist gut, wenn ich das, was ich formulieren will, verstehe – und umgekehrt. Wenn ich etwas verstehe, kann ich es in mein Leben integrieren, es umsetzen. Redet jemand über meinen Kopf hinweg, schalte ich auf Durchzug. Es bleibt wenig bis gar nichts hängen. Und von dem wenigen, was ich vielleicht verstanden habe, setze ich nichts um, weil es mir zu hoch oder zu banal, zu theoretisch oder zu unpraktikabel erscheint.

Deshalb scheint es mir naheliegend, unseren Sprachgebrauch von «Glück» etwas unter die Lupe zu nehmen. Damit wir unser Lebensglück bewusst gestalten und auf ein solides Fundament stellen können, ist es wichtig, genau hinzusehen.

«Einen Glückspilz» nennen wir einen Menschen, dem etwas ausgezeichnet gelingt oder auch jemanden, der beim Glücksspiel gewinnt. Ob im Lotto, in der Karriere oder auf dem Spielfeld, immer gehört auch eine Prise Zufall oder eben Glück dazu, wie das Resultat aussieht.

Im Gegensatz dazu nennen wir eine Person «einen Unglücksraben», der von einer Pechsträhne verfolgt wird. Was ein Pilz und ein Rabe mit Glück oder Unglück zu tun haben, ist auf den ersten Blick nicht ersichtlich. Begeisterte Pilzsammler würden mich vielleicht auf das Glücksgefühl aufmerksam machen, das beim Finden einer ganz ergiebigen Waldstelle aufkommt. Ein Ornithologe würde mich möglicherweise darauf hinweisen, dass Raben Nesträuber sind und deshalb für grosses Unglück in den Nestern der Kleinvögel sorgen.

Wie auch immer, die deutsche Sprache ist mit ihrem Wort «Glück»» ziemlich eingeschränkt im Vergleich zur Vielfalt der englischen Sprache. Das Englisch-Wörterbuch übersetzt das Wort «Glück» mit acht unterschiedlichen Begriffen. Da steht: joy (Freude); luck (Zufall); fortune (Fügung); happiness (Fröhlichkeit); felicity (Glückseligkeit); auspiciousness (Glück); bliss (Seligkeit); serendipity (Entdeckung).

Alle diese Begriffe zeigen verschiedene Schattierungen des Glücks: Einmal ist damit vielleicht die überschwängliche Wiedersehensfreude nach langer Abwesenheit gemeint oder die übersprudelnde Fröhlichkeit an einem rauschenden Fest. Hier die tiefempfundene Glückseligkeit bei der Geburt eines Kindes, da das Atemberaubende einer unerwarteten Entdeckung. Dann wieder das Schöne im Zufall einer Begegnung oder das erhebende Gefühl, wenn sich im Leben wichtige Ereignisse wie Puzzleteile ineinanderfügen. Alle diese Aspekte und viele weitere mehr, gehören zu einem Glücksgefühl. Wir sprechen darüber und kommen beim Beschreiben an unsere Grenzen. Was da tief in uns vorgeht, entzieht sich manchmal schlicht jeglicher Formulierung.

Unser Verständnis von Glück unter der Lupe

Das besitzorientierte Glück

«Hab' ich 'was, bin ich 'was. Hab' ich nichts, bin ich nichts.» So etwa könnte man das von Besitz geprägte Glück zusammenfassen. Wenn man gewillt ist, die Augen zu öffnen, sieht man es überall: Reichtum bringt Macht und Einfluss. Wer Geld hat, kann sich vieles – auch die Gunst in Gesellschaft, Wirtschaft und Politik – kaufen. Am besten ist dies wohl im Gegensatz zu veranschaulichen. Der Obdachlose, der in Bern unter den Lauben sitzt, besitzt kaum etwas und hat in unserer Gesellschaft auch absolut nichts zu sagen. Einflussreichtum wird mit Geld unterlegt. Finanziell gut situierte Menschen haben die Möglichkeit, ihre Kinder nach der obligatorischen Schulzeit gut ausbilden zu lassen. Wer gut ausgebildet ist, erhält einen gut bezahlten Job, kann sich ein bequemes Leben leisten und auf sein Umfeld Einfluss nehmen. Besitz und finanzielle Sicherheit machen also glücklich. Das zeigen die Zahlen des Bundesamtes für Statistik (BFS) klipp und klar.[47]

Unter der Lupe betrachtet, gibt es jedoch durchaus ein oder mehrere Aber. Besitz allein ist nicht alles:

– Wer als Topmanagerin oder Topmanager mehr verdient, als sie oder er je ausgeben kann, dessen Arbeitswoche ist so ausgefüllt, dass kaum freie Zeit bleibt, was dem

[47] Tagesanzeiger vom 12.11.14

Glücksgefühl ziemlichen Abbruch tut. Hat sie oder er eine Familie, bleibt diese oft auf der Strecke. Die Kinderbetreuung liegt auf den Schultern nur eines Ehepartners oder der Grosseltern, wenn sie nicht ganz in die Hände der Kindertagesstätten gelegt wird. Das zunehmende Problem der vaterlosen Gesellschaft sei hier nur am Rand erwähnt.

– Das menschliche Wesen hat die Tendenz, sich zu vergleichen. Und vergleichen wird man sich meistens mit denen, die mehr besitzen als man selber. Würden wir Schweizer uns mit der Mehrheit der Menschen Afrikas, Asiens und Lateinamerikas vergleichen, müssten wir sagen: Hier in der Schweiz ist die Mehrzahl der Bürger reich zu nennen. Wir müssten überglücklich sein. Da wir uns aber immer mit jenen vergleichen, die beste Liegenschaften an verschiedensten Traumdestinationen besitzen, dazu natürlich eine Yacht in der Karibik und ein Privatflugzeug, um dorthin zu gelangen, sind wir selbstverständlich alles andere als reich – um nicht zu sagen «arm». Wir sagen: «Der hat leicht lachen. Der hat schliesslich Geld wie Heu. Der kann sich alle seine Wünsche erfüllen. Wenn ich so viel Geld hätte wie der, dann wäre ich auch glücklich!» In diese Vergleiche schlägt der Neid seine Wurzeln, wächst hinein in unsere Gedanken und Emotionen und nimmt uns schliesslich so sehr gefangen, dass kein Raum bleibt für die Sicht auf das Schöne und Gute unseres eigenen Hab und Guts. Unzufriedenheit ersetzt das Gefühl von Glück. Wer immer mehr und anderes will als er hat, wird niemals zufrieden sein. Oder anders gesagt: *«Niemals wirst du glücklich sein, wenn es dich quält, dass ein anderer glücklicher ist.»*[48]

– Der Volksmund sagt: «Vo de Riiche lehrt me spare.» Damit ist gemeint, dass man bei den Reichen (und vergessen wir nicht: Wir, hier in der Schweiz, gehören dazu) die Tendenz zu Geiz und nimmersattem Gehabe beobachten kann. Niemals ist es genug. Immer gibt es noch irgendein Objekt, das uns besitzenswert erscheint. Mein Kleiderschrank ist zwar proppenvoll, aber, wenn der Frühling kommt, stehe ich gelangweilt davor und finde alles veraltet, wünsche mir etwas erfrischend Neues. Die Freude an einem neuen Fernseher, Auto oder Haus währt eine Woche, vielleicht einen Monat oder sogar ein Jahr. Dann setzt der Gewöhnungseffekt ein, und andere Dinge werden begehrenswert. Ein gut gepolstertes Bankkonto spornt uns leider oft nicht etwa zu Grosszügigkeit an, sondern eher zum Geiz. Ich beobachte wohlhabende Menschen, die beim Kauf von Esswaren jeden Rappen umdrehen, jede Aktion mit grossem Enthusiasmus begrüssen und ihre Kleider in Billigwarenhäusern kaufen. Das nenne ich nicht unbedingt Bescheidenheit, sondern Geiz sich selber gegenüber. Ich beobachte Eltern, die sich für tausende von Franken den Garten neu gestalten lassen, die Mutter kauft sich in teuren Boutiquen Klamotten, aber für ihre behinderte Tochter können die Kleider nicht billig genug sein. Das nenne ich Geiz dem Nächsten gegenüber. Ich beobachte wohlhabende Menschen, die nach dem Sonntagsgottesdienst das möglichst kleins-

[48] Franco Volpi Hrsg., Arthur Schopenhauer – Die Kunst, glücklich zu sein – Dargestellt in fünfzig Lebensregeln, Verlag C. H. Beck, 1999, S. 29: Die Lebensregel Nr. 2 – über die Vermeidung des Neids: Schopenhauer zitiert Seneca (röm. Philosoph, Politiker und Dichter 4 v. Chr. – 65 n. Chr.): De ira, III, 30, 3

> te Geldstück aus der Börse klauben. Sie haben anscheinend nicht gemerkt, dass ein Zwanzig- oder Fünfzig-Rappenstück heute nicht mehr sehr viel Wert hat und das unterstützte Hilfswerk keinen Schritt weiter bringt. Das nenne ich Geiz dem weiteren Umfeld gegenüber. Geiz ist nicht geil, sondern widerlich und peinlich. Geiz bringt weder Glück für sich selbst noch für andere. Geiz führt in die Einsamkeit und Isolation.

Wenn das jetzt das Gefühl hinterlässt, dies sei nun doch zu starker Tabak, schliesslich seien wir Schweizer enorm grosszügig, wenn es um grossangelegte Spendenaktionen gehe, dann ist das durchaus verständlich. Aber es kommt auf die Definition von Grosszügigkeit an. Wer sich die Mühe macht, die Bergpredigt im Matthäusevangelium zu lesen (Kapitel 5, 6 und 7), wird feststellen, dass Jesus wirklich Tacheles mit uns redet. Wer sich dafür entscheidet, Jesus Christus nachzufolgen, darf es sich gefallen lassen, dass Gott auch in seine Finanzen hineinredet. Trotzdem wird in unseren Kirchen kaum über dieses Thema gesprochen, geschweige denn gepredigt. Es ist, als hätte der Satz: «Über Geld spricht man nicht, das hat man!» Einzug gehalten. Geld und unser Umgang damit ist Privatsache. Jesus aber macht sich die Mühe, darüber zu lehren. Er warnt vor Habgier. Er erklärt, dass aller irdische Besitz vergänglich sei. Er ermutigt, sich auf bleibende Werte zu fokussieren. Im Teil: «Die biblisch-christliche Sicht auf das Thema Glück» werde ich näher darauf eingehen.

Denkanstoss

«Sie war steinreich. Und sie wollte tot sein. Ein Haus an bester Lage in Zürich am See, ein anderes in Paris und noch eines in London. Und sie wollte tot sein. Sie hatte Tabletten genommen. Die Ärzte konnten sie retten. Zwei Stunden lang hörte ich ihrer Geschichte zu. Und zum Schluss weinte sie: «Ich würde auf alles verzichten, ich würde alles aufgeben, wenn ich nur ein bisschen Zuneigung, ein bisschen Freundschaft und echte Liebe erfahren hätte.»

Aus: Willi Hoffsümmer, Kurzgeschichten 1, 255 Kurzgeschichten, 9. Auflage 1987, S. 110

Das zukunftsorientierte Glück

Das zukunftsorientierte Glück zeigt sich in folgender Denkweise. Sie zieht sich wie ein roter Faden durch das ganze Leben eines Menschen – vom Kind bis zum Rentner:

«Wenn...., dann....»
«Wenn ich die Schulzeit abgeschlossen habe, dann...»
«Wenn ich die richtige Lehrstelle gefunden habe, dann...»
«Wenn ich nach dem Studium einen spannenden Job habe, dann...»
«Wenn ich eine Weltreise gemacht habe, dann...»
«Wenn ich den richtigen Partner, die richtige Partnerin gefunden habe, dann...»
«Wenn ich Kinder habe, dann...»
«Wenn ich ein Haus habe, dann...»
«Wenn die Kinder aus dem Gröbsten raus sind, dann...»
«Wenn ich pensioniert bin, dann habe ich endlich Zeit, all die Dinge zu tun, die ich schon lange geplant habe und dann bin ich endlich glücklich und entspannt.»

Zukunftspläne sind wichtig. Sie treiben uns voran. Wer gelangweilt ins Leben hinein lebt, nimmt nichts in Angriff. Und wer nie etwas in Angriff nimmt, wer nie versucht, sich einen Traum zu erfüllen, erlebt nichts.

Nur, hier ist etwas anderes gemeint – was Arthur Schopenhauer folgendermassen formuliert: *«Die, welche durch Streben nur in der Zukunft leben, immer vorwärts sehn und mit Ungeduld den kommenden Dingen entgegeneilen, als welche aller erst das wahre Glück bringen werden, die Gegenwart inzwischen ungenossen und unbeachtet vorbeiziehen lassen, diese gleichen dem italienischen Esel Tischbeins, mit seinem an einem Strick vorgebundenen Heubündel, welches seinen Schritt beschleunigt.»*[49]

Wer sich mit Eseln auskennt, kennt dieses Phänomen gut – ob es nun darum geht, den Esel anzutreiben oder ihn zur Rückkehr in den heimischen Stall zu bewegen – Gaumenfreuden bringen das gewünschte Resultat:

Wieder einmal besuchen meine beiden Nichten Rhea und Thimea ihre Grossmutter auf dem Kardenhof. Das ist längst keine Selbstverständlichkeit mehr. Mit 16 und 19 Jahren sind die beiden jungen Frauen vielbeschäftigt und verbringen ihre Ferien meist in Jugendfreizeiten mit Gleichaltrigen. Doch diesmal haben Änneli und ich Glück. Eine Woche «Skiferien» im Flachland sind angesagt. Das gibt mir die Gelegenheit, die beiden ebenfalls zu sehen. Meine Schwester Lea ist auch da. Sie und ich sitzen auf dem warmen Kachelofen und schauen zum Fenster hinaus in die winterlich verschneite Landschaft. Da tauchen auf einmal zwei warm eingehüllte Gestalten auf: an der Leine ein Esel, voraus galoppierend ein zweiter; Pauline, die Eselin, und Mia, ihr Junges, werden spazieren geführt. – Alles ist friedlich. Der junge Esel macht klar, dass er nicht alleine herumtoben mag. Rhea muss mitmachen. Der Esel im Affentempo voraus. Rhea so schnell sie kann hintendrein. Weg von der grasenden Mutter, dann wieder zurück. So geht das eine Weile hin und her. – Doch da schert Klein-

[49] Franco Volpi Hrg., Arthur Schopenhauer, S. 49

Esel plötzlich aus. Den Kopf in der Höhe, die Nase in der kalten Luft, geht's im gestreckten Galopp auf die Strasse Richtung Nachbarhof. Hektik bricht aus. Laute Rufe sind durch die geschlossenen Fenster zu hören. Thimea, die sportlichere der zwei, überlässt die Aufsicht von Pauline ihrer älteren Schwester und sprintet dem ausgebüxten Eselkind nach. Nach langer Treibjagd, die Mia aus vollen Zügen zu geniessen scheint, lässt sie sich wieder einfangen. «Nun aber ab in den Stall, du kleiner Satansbraten!» Später beim Nachtessen gibt Annerös ihre bewährte Methode zum Einfangen von entlaufenen Eseln zum Besten: Eine Rübe oder ein Stück hartes Brot in der Jackentasche mitnehmen! Damit lässt sich jedes Eselherz erweichen.

Esel dürfen sich dieses Verhalten erlauben. Uns jedoch wird etwas anderes empfohlen. Dies aus folgenden Gründen:

– Wer sich dauernd von zukünftigen Verlockungen, von Zukunftshoffnungen und -wünschen leiten lässt, der verpasst dabei jegliches Glücksgefühl, das bereits in der Gegenwart schlummert. Ja, er geht an den kleineren und grösseren Schönheiten des Hier und Jetzt achtlos vorbei. – Von kleinen Kindern können wir dazu viel lernen. Sie leben ganz im Augenblick des auserwählten Spiels. Erzählt man ihnen ein Bilderbuch, erleben sie die Geschichte mit Haut und Haar mit. Lässt man sie im freien Spiel sich austoben, entwickeln sie phantastische Welten oder ahmen ihr eigenes Erleben mit grossem Ernst nach. Sie «spielen» nicht «Krankenschwester pflegt kranken Bären» – sie *sind* die Krankenschwester, die sich rührend um den schwerkranken Patienten kümmert, ihm das Fieber misst, gebrochene Gliedmassen einbindet und schmerzstillende Tabletten verabreicht.

- Zukunftsorientiertes Glück führt oft zu Unsicherheit und Zukunftsängsten. Denn wer wirklich ehrlich mit sich selbst ist, muss sich eingestehen: Niemand hat seine Zukunft wirklich in der Hand! Ganz sicher haben wir sie durchorganisiert und geplant. Unsere Terminkalender quellen über von Terminen. Ich selber muss seit Beginn des neuen Jahres 2015 Veranstalter von Vortragsabenden, Frauenfrühstücken und Jugendanlässen enttäuschen und aufs neue Jahr vertrösten. Doch kann ich mir überhaupt sicher sein, was morgen ist? Weiss ich mit hundertprozentiger Bestimmtheit, ob ich all die Vorträge, Predigten und Schulungen tatsächlich halten werde in diesem Jahr – geschweige denn im neuen? Weiss ich denn, was mir heute Nachmittag begegnen wird? Nein, ich weiss es nicht. Ich plane mein Leben und hoffe das Beste. Aber es bleibt immer eine Unsicherheit. Das kann sehr viel Angst und Sorge auslösen und tut einem wahren Glücksgefühl ziemlich schnell grossen Abbruch.
- Wer sein Leben hauptsächlich auf die Zukunft hin plant und seine Freude nur auf Zukünftiges konzentriert – etwa auf die jeweiligen Winter-, Frühlings-, Sommer- und Herbstferien, auf das geplante Konzert im Opernhaus, auf die Wanderung mit Freunden, auf das Wellnesswochenende mit seiner Liebsten – der wird sich mit bitteren Enttäuschungen konfrontiert sehen, wenn das Erwünschte, Erhoffte und Geplante ins Wasser fällt. Nun ja, bei den oben erwähnten geplanten Ereignissen ist eine Enttäuschung durchaus noch erträglich, schliesslich kann man einen neuen Termin vereinbaren und ein anderes Konzert besuchen. Aber was, wenn's ernster wird? Wenn sich zum Beispiel das geplante Kind auch nach Jahren nicht einstellt? Auch nicht, nachdem alles

Machbare der Reproduktionsmedizin versucht wurde? Was, wenn sich das sehnlich erwünschte Kind nicht als «perfekt» entpuppt und mit einer Behinderung zur Welt kommt? Was, wenn ein schwerer Unfall oder eine Krankheit die geplante Karriere völlig durcheinanderbringen oder ganz zerstören? Ist dann alles aus – alles Glück im Eimer? Oder gibt es auch in diesen Situationen noch einen Hoffnungsschimmer? – Der britische Film: «Now is Good» bringt dazu ein ausgezeichnetes Beispiel. Er erzählt die Geschichte der 17-jährigen Tessa, die sich nach vier Jahren Leukämie-Erkrankung dazu entschliesst, alle Therapien abzubrechen, weil diese ihr Leben stark beeinträchtigen und sie schliesslich doch nicht heilen können. Tessa will leben – im Hier und Jetzt leben. Dafür hat sie sich eine Liste all der Dinge erstellt, die sie noch erleben möchte. «Now is good » ist ihr Motto: Jetzt ist eine gute Zeit, um grössere und kleinere Wünsche und Träume in Erfüllung gehen zu lassen. Jetzt ist die Zeit, um mutig Dinge anzupacken, die sonst auf die lange Bank oder auf den Sankt Nimmerleinstag geschoben werden. Jetzt ist die Zeit, um die Dinge zu sagen, die oft unausgesprochen blieben. Wer, wie Tessa, seine Zukunft langsam ins Unbekannte des Todes zerrinnen sieht, der lebt nicht mehr auf die Zukunft hin, sondern in der Gegenwart.

Über die sogenannten «Glückskiller» und deren Integration ins Leben habe ich bereits im ersten Teil (Ins Leid gepflanzt) geschrieben. Hier deshalb nur noch dies: Es lohnt sich, mit offenen Sinnen durchs Leben zu gehen und es im Jetzt zu gestalten. So können wir die kleinen Schönheiten des Alltags sehen, hören, schmecken, fühlen und entdecken.

Grote Markt 4 min
Der Aa-kerk 2 min
N. Scheepvaartmuseum 3 min
Martinikerk 7 min
Groninger Museum 6 min
Station 8 min
Politie 9 min
Synagoge
Grafisch Museum

Denkanstoss

«Viele Menschen versäumen das kleine Glück, während sie auf das Grosse vergebens warten.» Pearl S. Buck

Das Glück, das glatt und schlüpfrig rollt,
tauscht in Sekunden seine Pfade,
ist heute mir, dir morgen hold
und treibt die Narren rund im Rade.

Lass fliehn, was sich nicht halten lässt,
den leichten Schmetterling lass schweben,
und halte dich nur selber fest;
du hältst das Schicksal und das Leben.

Ernst Moritz Arndt (1769–1860), deutscher Professor für Theologie und Verleger, der wegen seiner antinapoleonischen Flugschrift «Geist der Zeit» nach Stockholm fliehen musste.

Das leistungsorientierte Glück

Kein Erfolg ohne Leistung! Wer sich wirklich bemüht, kann auch etwas erreichen! Ohne Fleiss kein Preis!

So etwa tönen die Slogans, die das leistungsorientierte Glück propagieren. Sie enthalten viel Wahres und haben ihre Berechtigung. Wir Menschen wollen uns betätigen, etwas schaffen, kreativ sein. Arthur Schopenhauer schreibt dazu: *«Tätigkeit, etwas Treiben ... ist zum Glück des Menschen notwendig. Er will seine Kräfte in Tätigkeit setzen und den Erfolg dieser Tätigkeit irgendwie wahrnehmen.»*[50]

Es ist normal, dass wir vorwärts streben, immer wieder neue Dinge erforschen, am liebsten neue Welten entdecken, uns weiterbilden. So bleiben das Leben und die Arbeit spannend.

Nach den vier mühsamen Jahren meiner ersten Ausbildung zur Kaufmännischen Büroangestellten, nachdem ich alle Zelte in der Schweiz abgebrochen und mir in England eine fundierte Grundlage der englischen Sprache angeeignet hatte, wäre es mir nicht im Traum eingefallen, wieder in die Schweiz zu meinem ziemlich verhassten Beruf zurückzukehren. Ich wollte unbedingt und mit allen Fasern meines Seins etwas ganz anderes anpacken und Neuland entdecken. Damit ich dieses Ziel erreichen konnte, musste ich ziemlich viel leisten – meine Zeit und Kraft investieren –

[50] Franco Volpi Hrsg., Arthur Schopenhauer, S. 66

meine Hirnzellen einschalten – meinen inneren Schweinehund überwinden – tiefsitzende Ängste und Sorgen beschwichtigen – allen mir zur Verfügung stehenden Mut aktivieren – und schliesslich den Schritt ins Unbekannte wagen. Im Rückblick hat sich die Leistung gelohnt. Leistung an und für sich ist nicht schlecht.

Wenn ich die Schöpfung ringsum betrachte, dann wird mir bewusst, welch eine grossartige Leistung Gottes dahinter steht. Bruno Bau, Professor für Naturschutzbiologie an der Universität Basel, beschreibt diese Leistung, indem er den Ökosystemfunktionswert der Natur errechnet. Es scheint, dass für uns Westeuropäer der Wert einer Sache am fassbarsten wird, wenn er uns in handfesten Zahlen präsentiert wird. Professor Bau zählt auf: die natürliche Bodenbildung (durch wirbellose Tiere), die Blütenbestäubung, die natürliche Schädlingsbekämpfung, der Erosionsschutz (z. B. Schutz vor Lawinen), die Klimaregulierung, die Luftreinigung, die natürliche Wasserreinigung, die Sauerstoffproduktion durch die Fotosynthese. Das alles sind Ökodienstleistungen der Natur, die schätzungsweise 44 Billionen SFr. wert sind. Das ist mehr als das weltweite Bruttosozialprodukt pro Jahr, das die Menschheit produzieren kann. Dazu kommt der Wert der Natur als reichhaltige Apotheke: In Europa gibt es rund 2'000 Pflanzen, die als Heilpflanzen genutzt werden. Alle weltweiten Heilwirkstoffe aus Pflanzen haben einen Umsatzwert von 260 Milliarden SFr. Oder anders ausgedrückt: 40 % aller weltweit verkauften Medikamente enthalten Wirkstoffe aus Pflanzen.[51]

[51] Radio SRF 2 Kultur, Kontextsendung vom 15. Februar 2006: Die Vielfalt der Natur auf dem Rückzug: Hans-Stefan Rüfenacht u. a. im Gespräch mit Bruno Bau.

Diese Liste von Professor Bau, die bei Weitem nicht vollständig ist, führt uns anschaulich vor Augen, welch eine enorme Leistung unser Schöpfer vollbrachte – welch ein riesiger Wert in der Schöpfung liegt, die die perfekte Basis für unser Leben und Wirken ist. – Eine Leistung, die wir würdigen und achten sollen.

Das Problem mit der Leistung beginnt für uns Menschen dort, wo wir unseren Wert von ihr abhängig machen. Vereinfacht sehen die Gleichungen dann so aus:

Ich + Arbeit = Ich bin viel wert.

Oder:

Ich – Arbeit = Ich bin nichts wert.

Diese Lebensmathematik zu vermeiden oder zu ändern, ist einfacher gesagt als getan. Denn auch hier gilt die Tatsache: Unser Umfeld prägt uns. In diesem Fall prägt unter anderem die folgende Definition von Leistungsgesellschaft unser Denken:

«Eine Leistungsgesellschaft ist eine Industriegesellschaft, in der Positionen, Privilegien und Gratifikationen an Individuen oder Gruppen ausschliesslich nach der für die Gesellschaft erbrachten Leistung vergeben werden.»[52] Im Prinzip haben wir es hier wieder mit dem Eselverhalten zu tun: Das Individuum ist der Esel. Die Wirtschaft der Eseltreiber. Die Leistung (plus das, was wir für unsere Leistung erhalten – zum

[52] Microsoft® Encarta® Enzyklopädie Professional 2003 © 1993–2002 Microsoft Corporation. Alle Rechte vorbehalten.

Beispiel die Entlöhnung) ist die Karotte. Wer viel leistet, erhält die schönste Karotte.

Wenn unsere Lebensmathematik ausschliesslich so aussieht, wenn wir uns von der Arbeit versklaven lassen, wenn wir unser Glück von unserer Leistungsfähigkeit abhängig machen, dann leben wir ungesund oder gar gefährlich:

– Müssiggang ist uns Schweizern fremd. Wenn er uns so sehr fremd wird, dass wir uns ausserstande fühlen, unter der Woche bequem in einem Liegestuhl im Garten zu sitzen, weil wir die neugierigen Nachbarn fürchten und auf keinen Fall als fauler Hund angesehen werden möchten, dann haben wir die Grenze des Gesunden überschritten. Dann lassen wir uns von den Nachbarn kontrollieren. Wir geben ihnen eine unsichtbare Macht. Anstatt uns einen entspannten Moment zu gönnen, machen wir uns an die Arbeit und jäten die Beete. Wir leisten etwas, aber wohl kaum mit viel Enthusiasmus und sicher mit wenig Glücksgefühl. Wir stellen uns vor, was sie denken. Doch Beweise dafür, dass sie wirklich denken, was wir denken, dass sie denken, gibt es kaum. – In der Tatsache, dass ich diesen Satz zweimal lesen muss, um zu sehen ob ich ihn richtig formuliert habe, zeigt sich die Absurdität dieses Unterfangens. Ich habe absolut keinen Einfluss darauf, was die Leute über mich denken oder nicht. Deshalb lasse ich es lieber bleiben, mir ihr Denken vorzustellen.
– Im Gespräch mit Senioren höre ich ab und zu: «Früher konnte ich im Betrieb, auf dem Bauernhof, im Haushalt mit Hand anlegen. Aber jetzt kann ich überhaupt nichts mehr tun. Ich bin zu nichts mehr nütze. Für was bin ich überhaupt noch am Leben? Ich bin doch nur noch eine Last!» Manche wagen es sogar, die eigentliche Quintes-

senz ihres Gedankengangs laut zu äussern: «Wäre es nicht besser, tot zu sein?» Natürlich nicht, versuche ich dann meinem Gegenüber klarzumachen. Leistung ist nicht alles. Des Menschen grundeigener Wert liegt in seinem Sein und nicht in seinem Tun.

– Wenn der Wert eines Menschen ausschliesslich von seiner Leistung abhängig gemacht wird, dann führt das zu einem extremen Leistungsdruck, dem nicht alle standhalten können. Das sehen wir u. a. an der enorm hohen Suizidrate. Laut WHO gehört die Schweiz zu den westeuropäischen Spitzenreitern mit 1'300 Suiziden pro Jahr, einer Quote von 23 auf 100'000 Männer und 8 auf 100'000 Frauen.[53] Ganz bestimmt sind nicht alle Suizide in unserem Land auf den Leistungsdruck zurückzuführen. Trotzdem ist er ganz sicher auch ein wichtiger Faktor. Weshalb sonst ist die Suizidrate ausgerechnet in unserem Land, in dem niemand verhungern und verdursten muss, in dem niemand von Kriegswirren und Gewalt vertrieben wird, so hoch? – Dass nicht alle dem Leistungsdruck in unserer Gesellschaft standhalten können, zeigt sich weiter an den vielen Menschen, die wegen einer psychischen Erkrankung aus der Arbeitswelt ausscheren müssen. Fast die Hälfte aller Menschen in der Schweiz leiden in ihrem Leben mindestens einmal an einer psychischen Krankheit. Die WHO erwartet, dass die Depression im Jahr 2020 die zweitwichtigste Ursache «krankheitsbedingter Belastung und vorzeitlicher Sterblichkeit» sein wird.[54]

Das leistungsorientierte Glück birgt also seine Tücken. Wir tun gut daran, unser Lebensglück nicht alleine darauf zu bauen.

[53] http://www.bfs.admin.ch/bfs/portal/de/index/themen/
[54] http://www.who.int/mental_health/management/depression/definition/en/

Denkanstoss

«Wenn der Mensch alles leisten soll, was man von ihm fordert, so muss er sich für mehr halten, als er ist.»

Johann Wolfgang von Goethe, (1749–1832), deutscher Dichter der Klassik, Naturwissenschaftler und Staatsmann; Quelle: «Maximen und Reflexionen», Nr. 69 nach den Handschriften des Goethe- und Schiller Archivs, Verlag der Goethe-Gesellschaft, Weimar, 1907

«Führung: Wie viel Menschen doch leisten, wenn sie sich gut fühlen.
Und wie wenig, wenn es ihnen schlecht geht. Und wie selten Vorgesetzte davon schon mal was gehört haben!»

Peter Hohl, (1941), deutscher Journalist und Verleger, Redakteur, Moderator und Aphoristiker; Quelle: «Direkt nach vorn»

Das spassorientierte Glück

«Ich tue nur, was mir Spass macht! Alles andere versuche ich möglichst zu vermeiden.»

In der sogenannten Spassgesellschaft stehen Freude, Vergnügen, Genuss[55] und Konsumlust im Vordergrund. Im Duden findet sich folgende Definition: Die Spassgesellschaft ist eine *«Gesellschaft, die in ihrem Lebensstil hauptsächlich auf persönliches Vergnügen ausgerichtet ist und sich nicht für das Allgemeinwohl interessiert.»*[56]

An der Freude am Leben, an Vergnügen und Genuss ist per se nichts Anstössiges zu finden. Zu lange wurde im calvinistisch geprägten Christentum vieles «verteufelt», was den Menschen beglückte, erfreute und vom harten Los des Alltags ablenkte. Musik, Tanz, Spiel, Theater – und wenn es zu Calvins Zeiten Kinos gegeben hätte, bestimmt auch der Konsum eines Films – waren als Teufelszeug verpönt und ein No-Go für «wahre» Christen. Im kritischen Blick auf das spassorientierte Glück, das unsere Gesellschaft prägt, geht es nicht darum, Spassverderber zu sein. Ich lebe sehr gerne und geniesse die wunderbaren Gaben von Kunst und Kultur mit grosser Begeisterung und Freude.

[55] Diese Begriffe werden unter Hedonisms zusammengefasst:
http://de.wikipedia.org/wiki/Hedonismus.
http://de.wikipedia.org/wiki/Spa%C3%9Fgesellschaft

[56] http://www.duden.de/rechtschreibung/Spassgesellschaft

Was mir jedoch negativ auffällt, wird sehr prägnant beschrieben im Buch: «Strategien der Verdummung».[57] Die zehn Autoren verstehen unter Spass das Gegenteil von Kritikbewusstsein. Sie kritisieren die Tendenz zur Harmlosigkeit und Verkindlichung der Gesellschaft. Das wachsende Bedürfnis nach Spass generiere eine Unlust an kritischer Ernsthaftigkeit. Alle wollten möglichst putzig, lustig und lieb sein. Nur ja nicht ernsthaft und erwachsen. Man könne bei Studenten die Furcht vor dem Erwachsenwerden beobachten und vor der damit einhergehenden Verantwortung.[58] Die Flucht vor dem Ernst des Lebens habe unterschiedlichste Gesichter: Das gehe von Love-Parade- und Dauer-Party-Junkies bis zu trivialen Talkshows. Über «Verdummung» lasse sich nicht reden, ohne das Fernsehen zu erwähnen. *«Was da aus dem Bildschirm quillt an Rambazamba und Halligalli, an Brüsten, Blut und Blödsinn…an Tränen und Trallalla, an Allerweltsungewöhnlichkeiten, ist, macht oder hält dumm.»*[59] Da ich selber kaum TV schaue, aber eine passionierte Radiohörerin bin, erlaube ich mir hier meine Beobachtungen zur Radiomoderation und zum Radioprogramm der letzten Monate.

Es scheint, als würde die Chefredaktion des Schweizer Radios ihre Zuhörer bereits für «verdummt» halten. Alle paar Minuten werde ich von den jeweiligen Moderatoren und Moderatorinnen darüber informiert, welcher Tag und wel-

[57] Jürgen Wertheimer und Peter V. Zima Hrsg., Strategien der Verdummung. Infantilisierung in der Fun-Gesellschaft. Verlag C.H. Beck, 6. Auflage 2006

[58] Dito, Artikel von Peter V. Zima, Wie man gedacht wird – die Dressierbarkeit des Menschen in der Postmoderne, S. 13ff; S. 22ff

[59] Dito, Artikel von Martin Doehlemann, Dumme Sinnsysteme, Ausflucht und Zuflucht, S. 42, zitiert Ch. Türcke, Die Sensationsgesellschaft, in DIE ZEIT Nr. 35 vom 28.8.1994, S. 32

che Uhrzeit es ist und welchen Sender ich eingeschaltet habe. So als wüsste ich das nicht längst schon. Vor jedem Lied wird mir haarklein erzählt, welche Musikgruppe und welcher Sänger gleich welches Lied singen und spielen werden. Und nach dem Lied wird mir das Ganze nochmals verklickert. Dauernd gibt es die neusten Verkehrsnachrichten, als wäre die ganze Schweiz auf der Strasse. Es ist, als wüssten die Moderatoren einfach nichts mehr zu sagen und versuchten krampfhaft, Lücken zu füllen. Von intelligenter, das heisst wirklich informativer Moderation kann kaum mehr die Rede sein. Die ständigen Umfragen, an denen sich Hinz und Kunz beteiligen und ihren Senf zu den belanglosesten Themen über den Äther schicken, sind mit Bestimmtheit Arbeitserleichterung und Sparmassnahme, aber keine wirklich innovativen Radiosendungen. Da kann es durchaus vorkommen, dass die Frage: «Was sind meine persönlichen Macken und ‹Mödeli›?» eine Woche lang abgehandelt wird (23.02.2015 bis 27.02.2015).

Zugegeben, das alles ist etwas überspitzt formuliert. Und Gott sei Dank gibt es nach wie vor ausgezeichnete und hörenswerte Radiosendungen. Dennoch macht sich in mir Unbehagen breit, wenn ich über längere Zeit denselben Sender eingeschaltet habe und eine gewisse Tendenz zur Verblödung unüberhörbar ist.

Wer sein Lebensglück auf «sun, fun and nothing to do» aufbaut, lebt in einer grossen Illusion, lügt sich selber in die Tasche und wird böse erwachen, wenn ihn der Ernst des Lebens einholt. Die Folgen eines spassorientierten Glücks sind vielfältig:

– Ganz besonders markant erscheinen sie mir in der Kindererziehung. Meine Schwester erzählt mir von einer Diskussion mit ihrer Freundin rund um das Zusammenleben von Eltern mit ihren erwachsenen Kindern. Da leben Eltern mit ihren studierenden Kindern unter einem Dach. Die Eltern beziehungsweise die Mutter wäscht und bügelt, geht einkaufen, kocht und putzt für alle und dreht langsam, aber sicher im Roten. Es ist ihr längst alles zu viel. Trotzdem getrauen sie und ihr Mann sich nicht (oder sie kommen erst gar nicht auf die Idee), die jungen Leute um Hilfe zu bitten, genaue Regeln einzuführen oder sie aus dem Haus in eine Wohngemeinschaft zu «jagen», weil sie sich fragen, wann denn heute ein Mensch wirklich erwachsen zu nennen und was ihm zuzumuten sei. Manche Kinder haben nicht gelernt, Verantwortung zu übernehmen – weder für ihre Geschwister noch für den Haushalt. Sie bemühen sich zwar um ihre Ausbildung, haben aber kaum Lebenskompetenzen erworben. Haushalten macht nicht unbedingt Spass. Helfen ist nicht immer lustig. Meist gibt's keine Belohnung, wenn man die Toilette putzt – ausser, dass man sich danach wieder auf eine keimfreie Kloschüssel setzen darf. Manche Dinge müssen erledigt werden, egal ob einem gerade danach ist oder nicht. Wer diese wichtige Einsicht nicht bereits im Kindesalter erlernt, wird sich als Erwachsener mit Alltäglichkeiten schwer tun. Wer seinem Kind nichts zumutet und zutraut, ihm alle Stolpersteine und Hindernisse aus dem Weg räumt, tut ihm keinen Gefallen, sondern trägt dazu bei, dass es später die grössten Schwierigkeiten hat, mit Widrigkeiten umzugehen. Marco Wehr, Physiker und Tänzer, beschreibt in seinem Buch «Kleine Kinder sind grosse Lehrer» das zunehmend verbreitete Phänomen, dass sich Kinder nur noch ungenügend bewegen können. Er schreibt: «*Nicht wenige Kinder können mit drei Jahren nicht mehr richtig rennen. Sie sind nicht in der Lage, auf einem Bein zu stehen. Rückwärtslaufen und Seitwärtsgalopp bringt sie ebenfalls an ihre koordinativen Grenzen.*» Diese Fehlentwicklung entstehe durch Überbemutterung. Wenn die Eltern das Kind jede Treppe hochtragen, beim An-, Aus- und Umziehen jeden Handgriff selber erledigen, das Kind auf dem Spielplatz nur ja keine «gefährlichen» Klettersuche machen lassen und Ähnliches, sei Gefahr im Verzug.[60] Um ein glückliches Leben zu führen, braucht es also die Fähigkeit, Widerstände zu überwinden. Wer allen Widerständen und Unannehmlichkeiten ausweicht und nur den Spass will, wird eher lebensunfähig als glücklich.

In einer Kontextsendung von Radio SRF 2 Kultur zum Thema «Kaderschmiede für Afrika – Die neuen Mandelas»[61] kommen zwei junge Männer zu Wort. Beide haben ihre Schulbildung an der «African Leadership Academy» verfeinert. Janik, 18 Jahre alt, aus der Elfenbeinküste,

[60] Marco Wehr, Kleine Kinder sind grosse Lehrer, das Genie der frühen Jahre, Beltz Verlag Weinheim und Basel, 2014, S. 58ff

[61] Radio SRF 2 Kultur, Kontextsendung vom 26. Februar 2015. – Fred Swaniker, 38 Jahre alt und Gründer der African Leadership Academy: «Eine Entwicklung Afrikas ist nur möglich, wenn wir Afrikaner sie selbst in die Hand nehmen. Entwicklungshilfe und ausländische Investitionen können zwar helfen. Aber am Ende geht es darum, was wir selbst tun. Um Afrika grundlegend zu verändern, brauchen wir Führungspersönlichkeiten in allen Bereichen. Wissenschaftler und Forscher, die innovative Lösungen im Kampf gegen Malaria oder für unsere Infrastrukturprobleme entwickeln. Politiker, die als die neuen Nelson Mandelas und Desmond Tutus, für Frieden, Stabilität, Demokratie und Menschenrechte sorgen.»

hat fünf Brüder und drei Schwestern. Er sagt: *«In meiner Familie bin ich im Moment derjenige mit dem höchsten Bildungsstand. Ich komme aus bescheidenen Verhältnissen. Alle sind sehr stolz auf mich und froh, dass ich studieren kann. Ich glaube, es gibt ihnen Hoffnung für die Zukunft. Sie hoffen, dass ich dabei helfen werde, meine Heimat weiterzuentwickeln.»* Sigi Jeni, 22-jährig, wurde mit acht Jahren Vollwaise und wuchs bei seiner Grossmutter in einer Township auf. Das Stipendium war für ihn ein Lichtblick – Bildung der Ausweg aus der Armut. Beiden jungen Männern käme es nicht im Traum in den Sinn, sich im Hotel Mama bequem einzurichten und auf Kosten der Familie das Studium zu absolvieren. Beiden ist klar, dass sie bereits längst erwachsen sind und Verantwortung für sich selber, für ihre Familien und für ihr Land übernehmen müssen. Sigi sagt: *«Ich kenne brillante Leute mit viel Potential, die aber dieses nie entfalten können, wegen der Umstände, in die sie hineingeboren wurden, und weil sie nicht so viel Glück hatten wie ich. Das ist eine Tragödie, die mir einfach nicht in den Kopf will.»*

– Eine weitere Folge des spassorientierten Glücks sehe ich in der zunehmenden Ich-Bezogenheit der Menschen. Deren Gebet, wenn sie sich überhaupt noch mit ihren Anliegen an einen Gott wenden und sich nicht bereits zum König und Gott des eigenen Lebens gekürt haben, lautet: «Ich, mich, meiner, mir, Herrgott segne du uns vier!» Wenn das Ich im Zentrum steht, verblassen alle anderen ringsum zu Statisten, die man in seiner Lebensinszenierung beliebig hierhin und dorthin schieben und umplatzieren kann. Für den Menschen, der sich so verhält, mag das auf den ersten Blick durchaus angenehm sein. Für seine Liebsten, Freunde, Verwandten und Bekannten hingegen wird es ziemlich schnell unangenehm. Die fühlen sich über kurz oder lang benutzt und ausgenutzt. Aber auch der Egozentriker wird sein Verhalten als Bumerang zu spüren bekommen. Im Laufe oder spätestens am Ende seines Lebens wird er oder sie einsam und verlassen sein Dasein fristen, weil niemand mehr bereit ist, sich ausnutzen zu lassen.

So unter der Lupe betrachtet, stehen unser Verständnis von und unser Streben nach Glück auf wackligen Beinen. Auf gut Berndeutsch: «Es verhäbt nid!» Was wir brauchen, ist eine andere Denkweise, eine neue Blickrichtung und Sicht auf das Thema «Glück».

Es erscheint vielleicht nicht sehr naheliegend, in diesem Zusammenhang die Bibel zu konsultieren. Man kann sich fragen, was uns diese uralten religiösen Texte heute noch zu sagen haben, die in einer ganz anderen Zeit und Kultur verfasst, gesammelt und zusammengestellt wurden. Meines Erachtens sehr viel! Es mögen antike und altertümliche Texte sein. Aber sie sprechen von Menschen und von Gottes liebevollem Umgang mit ihnen (das heisst nicht, dass der immer bloss lieb und nett, sondern durchaus auch streng ausfällt). Wer sich die Mühe macht, mit offenem Herzen die Bibel zu lesen, wird sich herausgefordert sehen von der Tatsache, dass sie brandaktuell in unser Leben herein spricht.

Die Geschichte der Menschheit zeigt es immer wieder: Der Mensch entwickelt und verändert sich kaum. Er scheint unfähig, aus vergangenen Fehlern zu lernen und braucht deshalb wiederholt die gleichen Lektionen. Wie in so vielen Bereichen seines Lebens meint der Mensch auch im Bezug auf sein Lebensglück, alles selber im Griff zu haben, alles selber formen und gestalten zu können. Der Mensch macht sich dabei selbst zu Gott. Was dabei herauskommt, habe ich im ersten Teil zu skizzieren versucht. In der Bibel finden sich nun Lektionen, die unsere Mühe und Not mit dem Glück ansprechen und uns zum Umdenken und Anders-Handeln auffordern.

Im Folgenden werde ich versuchen, eine etwas andere – eine biblisch-christliche Sichtweise von Glück darzulegen. Sie ist bei weitem nicht abgeschlossen und ganz bestimmt sehr persönlich geprägt. Dessen ungeachtet scheint es mir hilfreich, diese Sicht zu wagen und zumindest Teilantworten auf die obigen «Glücksorientierungen» zu geben.

Denkanstoss

«Ehre, Glaub´ und Augen vertragen keinen Spass.»
(Deutsches Sprichwort)

Paula*, meine Nachbarin, ist eine fröhliche, grosse, stämmige Frau mit Interesse an den Menschen ringsum und dem IQ eines drei- oder vierjährigen Kindes. Sie hat es sich zur Gewohntheit gemacht, draussen auf der Terrasse ihren rauchenden Mitbewohnern und Betreuern die Aschenbecher zu leeren. Eines Tages höre ich, wie eine Betreuerin Paula diese Aufgabe ausreden und verbieten will. Da geht es ziemlich laut und lange hin und her. Die Betreuerin: «Das machst du nicht mehr!» Darauf Paula: «Warum?» Die Betreuerin: «Weil es unhygienisch ist.» Ich höre förmlich die Gedanken in Paulas Kopf rotieren: Was ist wohl hygienisch? Und tatsächlich, wieder ist Paula zu vernehmen: «Warum?» Anstatt darauf zu antworten, versucht es die Betreuerin mit einem anderen Argument: «Weil die Raucher das selber machen sollen.» Ist doch ganz logisch, oder etwa nicht?! Paula aber fragt immer wieder unschuldig: «Warum?» – Als aussenstehende Beobachterin nehme ich an, Paula macht diese Aufgabe Freude. Sie tut sie ohne Hintergedanken. Sie fühlt sich dadurch nicht ausgenutzt, hat vielleicht schon als Kind ihrem Vater oder ihrer Mutter den Aschenbecher geleert. Das ist ihr «kleiner» Dienst, den sie sich nicht einfach nehmen lassen will.

** Name von der Autorin geändert*

Die etwas andere Sicht auf das Thema «Glück»

Eine Warnung

Ausgerechnet und typisch! Die Bibel beginnt wieder einmal mit dem erhobenen Zeigefinger! Spielverderberin! Da könnte einem die Lust am Weiterlesen und Weiterdenken glatt vergehen. – Doch auch hier lohnt es sich, einen Moment innezuhalten und genau hinzusehen.

Wer selber Kinder erzogen hat, weiss, dass sich bereits die Kleinsten unter uns nur sehr schwer warnen lassen und oft erst am eigenen Leib erfahren müssen, was die teils schmerzlichen Konsequenzen ihres Handelns sind. Wer ein Freiheitstyp ist, der gerne selber entscheidet, den eigenen Kopf durchsetzen kann und Grenzen hauptsächlich als Chancen dazu sieht, diese zu überwinden, der kennt das Gefühl der Rebellion den von aussen gesetzten Regeln, Gesetzen und Warnungen gegenüber.

Ich kenne dieses Gefühl bestens! Da mir bereits von meiner körperlichen Behinderung her sehr viele Grenzen auferlegt sind, tue ich mich schwer mit allen zusätzlichen Warnungen von innen oder aussen und schlage sie nicht selten in den Wind. Manchmal hat das auch sein Gutes. Würde ich mich jedes Mal davon abhalten lassen, irgendeinen Gegenstand von einer höher gelegenen Gestellablage herunterzuholen, weil mich eine innere Stimme vor der Gefahr des Hinunterfallens warnt, könnte ich nicht alleine wohnen.

Würden mich die möglichen Gefahren, alleine im Schwimmbad oder im See zu schwimmen, allzu sehr beeindrucken, hätte ich das erhebende Glücksgefühl der Freiheit solcher Momente nie erfahren. Wer wagt, gewinnt. Das stimmt durchaus.

Trotzdem ist es sinnvoll, auf Warnungen zu hören. Ganz besonders, wenn sie von jemandem kommen, der uns geschaffen hat, uns kennt, liebt und weiss, dass wir auch freiheitsbedürftig und experimentierfreudig sind.

Im Buch der Sprüche findet sich zur positiven Einstellung Warnungen gegenüber ein passender Vers: *«Wer gegen alle Warnung halsstarrig ist, der wird plötzlich verderben ohne alle Hilfe.»*[62] Schlagen wir Menschen alle Warnungen in den Wind, schiessen wir ein Eigentor. Wir verbrennen uns im besten Fall nur die Finger oder nehmen im schlimmsten Fall grösseren, irreparablen Schaden an Körper, Seele und Geist. Das Beachten von Warnungen bietet Schutz und Hilfe.

Gott, unser Schöpfer, macht uns darauf aufmerksam, dass alle irdischen Güter (von unserem Körper habe ich bereits gesprochen) vergänglich sind. Wiederum im Buch der Sprüche liest man dazu die folgenden aussagekräftigen Texte:

«Bemühe dich nicht, reich zu werden; da spare deine Klugheit! Du (Mensch) richtest deine Augen auf Reichtum und er ist

[62] Martin Luther, *Die Bibel (1984)*; Deutsche Bibelgesellschaft, 1984; 2004, S. Spr 29,1

nicht mehr da; denn er macht sich Flügel wie ein Adler und fliegt gen Himmel.»[63]

«Wer habgierig ist, jagt nach Reichtum und weiss nicht, dass Mangel über ihn kommen wird. … Ein Habgieriger erweckt Zank; wer sich aber auf den Herrn verlässt, wird gelabt (wird reichlich gesättigt).»[64] – Die Gute Nachricht übersetzt diesen Vers so: *«Ein Mensch, der nie genug bekommen kann, erregt überall Streit; ein Mensch, der auf den Herrn vertraut, hat immer genug.»*[65]

Da haben wir sie, die Warnung vor Reichtum und Habgier! Es ist nicht so, dass uns Gott nichts gönnt. Im Gegenteil! Ihm ist an unserem Wohlergehen gelegen. Bei ihm *werden «wir reichlich gesättigt»*. Wer möchte das nicht!? Wir *«haben immer genug»*. Das ist doch wunderbar! Wir brauchen keine Angst davor zu haben, zu kurz zu kommen.

Wir dürfen und sollen uns also freuen an dem, was wir haben. Wir dürfen und sollen es geniessen und uns dabei immer wieder Folgendes vor Augen halten:

- Wir leben hier im Überfluss. Es ist in mancherlei Hinsicht ein Mysterium, weshalb es uns hier in der westlichen Welt besser geht als den meisten Menschen auf diesem Planeten. Denn wir sind in keiner Weise besser. Wir haben unser Wohlergehen und unseren Wohlstand nicht mehr verdient als andere. Aus diesem unverdienten Ge-

[63] Dito, S. Spr 23,4-5
[64] Dito, S. Spr 28,25
[65] Gute Nachricht Bibel, mit den Spätschriften des Alten Testaments, Stuttgart, Deutschland, Deutsche Bibelgesellschaft, 2000; 2004, S. Spr 28,25

schenk erwachsen uns mindestens zwei Verpflichtungen: Dankbarkeit und Grosszügigkeit.

– Eine innere Warnlampe soll uns daran erinnern, unser ureigenes Lebensglück nicht von irdischen Gütern abhängig zu machen, weil alles vergänglich ist. «Ds letschte Hemmli het keini Täsche.» sagt der Volksmund und trifft damit den Nagel auf den Kopf.

Jesus Christus spricht diesbezüglich ebenfalls Klartext. Bevor ich jedoch zum eigentlichen Bibeltext komme, zuerst ein paar einführende Worte bezüglich des Kontexts der sogenannten Bergpredigt:

Sie umfasst die Kapitel 5, 6 und 7 im Matthäusevangelium und enthält die Essenz des christlichen Glaubens. Eigentlich ist die Bezeichnung «Bergpredigt» für diese drei Kapitel irreführend. Eine Predigt war ursprünglich dazu gedacht, das Evangelium von Jesus Christus all jenen weiterzuerzählen, die noch nichts von ihm wussten. In Matthäus 5, 6 und 7 haben wir es jedoch nicht mit Evangelisation, sondern mit Lehre zu tun. Wenn man die ersten beiden Verse im Kapitel 5 liest, wird klar, zu wem Jesus hier spricht, nämlich zu seinen Jüngerinnen und Jüngern, zu Menschen, die sich bereits für eine Nachfolge entschieden haben. Die drei Kapitel sind also eine Lehre oder eine Schulung. Das erklärt die hohe Messlatte, die in diesen Texten angelegt wird. Es erklärt die grossen Anforderungen, die an Jesu Nachfolger und Nachfolgerinnen gestellt werden. Dadurch wird auch die teilweise extreme Verschärfung der alttestamentarischen Gesetze begreiflicher. Jesus lehrt seine Jüngerinnen und Jünger. Er bildet sie aus.

Er bietet ihnen ein Training, das ihre «Glaubensmuskeln» aufbauen soll.

Im Kapitel 6 lesen wir nun also die Warnung in Bezug auf den irdischen Besitz: *«Ihr sollt euch nicht Schätze sammeln auf Erden, wo sie die Motten und der Rost fressen und wo die Diebe einbrechen und stehlen. Sammelt euch aber Schätze im Himmel, wo sie weder Motten noch Rost fressen und wo die Diebe nicht einbrechen und stehlen. Denn wo dein Schatz ist, da ist auch dein Herz.»*[66]

In den nachfolgenden Versen benutzt Jesus einen für uns Nichtjuden etwas befremdlichen Vergleich. Er sagt: *«Das Auge ist das Licht des Leibes. Wenn dein Auge lauter ist, so wird dein ganzer Leib licht sein. Wenn aber dein Auge böse ist, so wird dein ganzer Leib finster sein. Wenn nun das Licht, das in dir ist, Finsternis ist, wie gross wird dann die Finsternis sein!»*[67]

David Stern schreibt in seinem Kommentar: Die jüdische Wendung «ein gutes Auge» bedeutet «grosszügig sein». Und «ein schlechtes Auge» bedeutet «geizig sein.»[68] In der Pictorial Encyclopedia of the Bible findet sich ein zusätzlicher Hinweis: Im Judentum bezeichnete ein gutes Auge eine grosszügige Seele und ein böses Auge eine geizige oder neidische Seele.[69]

[66] Martin Luther, *Die Bibel (1984)*; 2004, S. Mt 6,19–21
[67] Dito, S. Mt 6,22-23
[68] David H. Stern, Kommentar zum Jüdischen Neuen Testament – Band 1, Hänssler-Verlag, Neuhausen-Stuttgart, 1996, S. 77–78
[69] *Pictorial Encyclopedia of the Bible, Volume 5, p. 355*

So werden diese beiden Verse verständlicher:

«Wenn du also grosszügig bist, wird dein ganzer Leib voller Licht sein; wenn du aber geizig bist, wird dein ganzer Leib voller Finsternis sein. Wenn also das Licht in dir Finsternis ist, wie gross ist dann die Finsternis!»

Oder: «Wenn also die Grosszügigkeit in dir stirbt und dadurch die Finsternis wächst, dann wird schliesslich die Finsternis grösser und der Geiz überhand nehmen.»

Was Grosszügigkeit bedeutet, macht Jesus anhand seiner Beobachtung am Opferkasten klar (Markus 12,39ff): Da legen die Besucher und Besucherinnen des Tempels in Jerusalem ihre Geldgabe hinein. Unter anderen kommt auch eine arme Witwe und gibt «zwei Scherflein». Das war damals ein Pfennig (so erklärt uns der Evangelist Markus). Gemäss der Tabelle in der Stuttgarter Elektronischen Studienbibel sind 100 Pfennige ca. 60 Euro. Ein Pfennig sind also 0,6 Euro. Und das sind 0,7306 Schweizer Franken. Nach heutigen Massstäben ein winziger Betrag und anscheinend auch zu Jesu Zeiten nicht gerade viel. Aber die Witwe war die einzige, die Jesus beim Geldkasten als grosszügig beurteilte, denn *«alle haben von ihrem Überfluss eingelegt; diese aber hat aus ihrem Mangel alles, was sie hatte, eingelegt, ihren ganzen Lebensunterhalt.»*[70]

Es ist ein herausfordernder Gedanke, dass mich die Gabe, die ich am Sonntagmorgen in den Kollektentopf lege,

[70] *Die Bibel. Elberfelder Übersetzung, Revidierte Fassung.* R. Brockhaus Verlag, 1985, S. Mk 12,44

nicht per se zu einem grosszügigen Menschen macht, da ich ja aus meinem Überfluss an finanziellen Mitteln gebe und nicht trotz meines Mangels. Es ist eine grosse Herausforderung, sich den folgenden Fragen zu stellen: Wenn ich mich Jesusnachfolgerin oder Jesusnachfolger nenne, gehört dann nicht all mein Hab und Gut Gott? Ist nicht alles, was ich mir angeblich selber erarbeitet habe, ein Geschenk? Hat nicht mein Schöpfer mir die Hände und Füsse, den Intellekt und die Kraft geschenkt, damit ich sie für ihn einsetze?

Wer sich immer wieder bewusst macht, dass Gott ihn an Leib und Seele versorgt, ihm hilft, ihn schützt und unterstützt, der dreht sich viel weniger um sich selber. Er oder sie kann all diese Dinge getrost Gott überlassen und sich um das Wohlergehen der Menschen ringsum sorgen – sich darum kümmern – sich dafür einsetzen. Das bedeutet nicht, dass man sich selber total vergisst, sich beim Dienen verausgabt und dabei in ein Burnout rasselt. Aber es heisst, dass ich mein Augenmerk, meine Blickrichtung nicht ständig auf mich, meine Belange und Bedürfnisse richte, aus Angst, zu kurz zu kommen, sondern mich auf anderes konzentrieren kann.

Einen weiteren Aspekt der Grosszügigkeit sehe ich in jenen Menschen, die einfach geben, ohne etwas zurückzuerwarten oder zu fordern. Wir kennen sie vielleicht gut, die Verwandten, die uns finanziell unterstützen, dafür aber «ewige» Dankbarkeit erwarten. Menschen, die andere wiederholt an die eigene Grosszügigkeit erinnern, sind nicht grosszügig, sondern fordernd und mühsam. Menschen, die ihre Guttat und grosszügige Handlung mit Verhandeln und Aufrechnen begleiten, sind nicht wirklich grosszügig, sondern Händler, die eigentlich bloss auf ihren eigenen Gewinn bedacht sind. Dieses Verhandeln und Aufrechnen könnte so klingen: «Wenn ich dir nun dieses oder jenes schenke, dann gibst du mir dafür dieses oder jenes.» Oder: «Ich tu jetzt dieses für dich. Dafür tust du danach jenes für mich.»

Irdische Güter loslassen, Grosszügigkeit üben und himmlische Schätze sammeln, dazu ruft uns Jesus auf. Was Grosszügigkeit ist oder nicht ist, habe ich aufzuzeigen versucht. Doch was sind diese himmlischen Schätze – und wie werden sie gesammelt?

Unser Glaube an Gott ist ein Schatz, kostbarer als alles Hab und Gut auf dieser Erde. Jesus erzählt dazu das Gleichnis eines Kaufmanns, der Perlen suchte. Als er eine kostbare Perle fand, verkaufte er alles, was er hatte und kaufte sie.[71] Welche Kostbarkeit der Glaube an Gott ist, kann nur jener wirklich begreifen (anfassen, berühren), der sich darauf einlässt. Dazu erzählt Willi Hoffsümmer in seinem Buch «Kurzgeschichten 1» folgende Begebenheit:

«Auf dem Bahnsteig, 17.10 Uhr. Es regnet. Ein Betrunkener mit einer Bierflasche wankt auf mich zu. Ich will mich abwenden, da tippt er mit seiner Flasche gegen meine Brust und fragt: ‹Glaubst du an Gott?› Mir ist die Sache peinlich. Aber ich kann ihm nicht ausweichen. So sage ich unüberlegt, spontan: ‹Ja!› Ich will noch weiterreden, erwarte die Reaktion, dass er sagt: ‹Na, dann zeig ihn mir mal!› Aber er

[71] Martin Luther, *Die Bibel (1984)*; 2004, S. Mt 13,45

sagt nur: ‹Mensch, hast du es gut!› Erst in diesem Augenblick schaue ich ihn richtig an. Sein Gesicht ist müde, kaputt.»[72]

Unser Glaube an Gott, der uns Halt, Zuversicht, Hoffnung und eine Perspektive gibt, ist also ein wichtiger Schatz. Meines Erachtens sind da jedoch noch weitere himmlische Schätze, die wir sammeln können. Am Ende eines Tages frage ich mich manchmal: Wenn dies mein letzter Tag auf dieser Erde gewesen wäre, wäre ich zufrieden damit? Habe ich das Gute und Liebenswürdige getan und gesagt? – Oder ich frage mich: Was möchte ich, dass es am Ende meines Lebens über mich heisst? Solche Fragen können uns auf die Spur dessen bringen, was himmlische Schätze sind – was wirklich zählt.

Der Apostel Paulus formuliert in seinem Brief an die Philipper eine Reihe von Schätzen: *«Weiter, liebe Geschwister: Was wahrhaftig ist, was ehrbar, was gerecht, was rein, was liebenswert, was einen guten Ruf hat, sei es eine Tugend, sei es ein Lob – darauf seid bedacht!»*[73]

[72] Willi Hoffsümmer «Kurzgeschichten 1» S. 87
[73] Dito, S. Php 4,8

Denkanstoss

Wer kommt mir in den Sinn, wenn ich an eine grosszügige Person denke? Was kennzeichnet diese Person? Was ist für mich wahre Grosszügigkeit? An welchen irdischen Schätzen hängt mein Herz? Wem will ich dienen mit meinen Gaben und Fähigkeiten, mit meinen schulischen Errungenschaften und meinen finanziellen Mitteln? Wie sieht dieser Dienst konkret aus? Wie sammle ich himmlische Schätze?

Um der Antwort auf die Frage «Wie sammle ich himmlische Schätze?» auf die Spur zu kommen, kann folgende Übung hilfreich sein:

- Nehmen Sie sich einen Moment Zeit, um ruhig zu werden.
- Setzen Sie sich an einen Lieblingsplatz in Ihrer Wohnung, auf dem Balkon oder im Garten.
- Halten Sie ein Blatt Papier und Schreibzeug bereit.
- Schliessen Sie die Augen und lassen Sie Ihr Leben (wichtige Stationen) an sich vorbeiziehen.
- Wo, wann und wie haben Sie geliebt, ermutigt, getröstet, Hoffnung gespendet, sich versöhnt, für etwas Gutes gekämpft, sich für die Wahrheit eingesetzt?
- Schreiben Sie auf, was Ihnen in den Sinn kommt.

Befreiung und Entspannung

Das zukunftsorientierte Glück, so haben wir gesehen, hat die Tendenz, uns Sorgen und Ängste zu bescheren, uns blind und taub zu machen für die Schönheiten im Hier und Jetzt. Im Gegensatz dazu fordert uns die Bibel auf, uns weder um die Gegenwart noch um die Zukunft Sorgen zu machen.

Ein bekannter Bibeltext dazu findet sich wiederum in der Berglehre. In Matthäus 6,25–34 stellt Jesus seinen Nachfolgerinnen und Nachfolgern die Vögel am Himmel und die Lilien auf dem Feld als Vorbilder vor und beendet seinen Diskurs mit den Worten: *«Darum sorgt nicht für morgen, denn der morgige Tag wird für das Seine sorgen. Es ist genug, dass jeder Tag seine eigene Plage hat.»*[74]

Wer kennt sie nicht, die sorgenvollen Tage und schlaflosen Nächte? Es ist, als würden sich die Sorgen im Hirn ausbreiten wie klebriger Schleim. Hat man einen Gedanken zu Ende gedacht, folgt der nächste. Kein Ende in Sicht. Hoffnung wird im Keim erstickt. Wer hochsensibel, empathisch und feinfühlig ist, kennt zudem die mit den Sorgen einhergehenden Ängste oder gar Panikattacken. Da fällt es ungemein schwer, solche Bibeltexte zu beherzigen. Da kommt sehr schnell der Einwand: Im Zusammenhang gelesen spricht Jesus hier doch bloss von Nahrung und Kleidung. Diese zwei Sorgenpakete haben wir doch nicht. Unsere

[74] Martin Luther, *Die Bibel Nach (1984);* 2004, S. Mt 6,34

Sorgen sind ganz anderer Art. Sie drehen sich um kranke Kinder, pubertierende Jugendliche, unglückliche Partnerschaften, betagte Eltern und allenfalls noch um unsere körperliche Befindlichkeit. Das sind wahre Sorgen! Diese hat Jesus hier alles andere als angesprochen.

Stimmt. Und stimmt auch wieder nicht. Oberflächlich betrachtet geht es ums Essen und Trinken und um Klamotten. Schaut man sich jedoch die rhetorischen Fragen etwas genauer an, ändert sich das Bild: Mit den Fragen *«Ist nicht das Leben mehr als die Nahrung und der Leib mehr als die Kleidung* (Vers 25)*? Seid ihr denn nicht viel mehr als sie (die Vögel)* (Vers 26)*? Wer ist unter euch, der seines Lebens Länge eine Spanne zusetzen könnte, wie sehr er sich auch darum sorgt* (Vers 27)*?»*.[75] zeigt Jesus, dass Gott sich um unser ganzes Leben kümmert – ja, dass er das ganze Bild unseres Lebens im Blick hat.

Die beiden ersten rhetorischen Fragen von Jesus wollen mit Ja beantwortet werden: Ja, das Leben ist sehr viel mehr als «Lasst uns essen und trinken, denn morgen sind wir tot.» Ja, es geht Gott mehr um grundlegende Existenz- und Sinnfragen. Ja, anscheinend bedeuten wir Menschen Gott «mehr» als die Vögel. Was nicht heisst, dass er sie nicht versorgt. Im Gegenteil! Die dritte Frage will mit einem Nein beantwortet werden: Nein, wir vermögen unserem Leben keine weitere Lebensspanne (ein zusätzliches Leben) anzuhängen, auch wenn es sich heutzutage im medizinischen Bereich durchaus auf erstaunliche und manchmal unheimliche Weise verlängern lässt.

[75] Dito, S. Mt 6,26–27

Unser Augenmerk, unsere Aufmerksamkeit und unser Bemühen soll nicht in erster Linie auf uns und unsere Belange gerichtet sein. Worum es wirklich geht, lesen wir in Vers 33: *«Trachtet zuerst nach dem Reich Gottes und nach seiner Gerechtigkeit, so wird euch das (d. h. die Versorgung an Leib und Seele) alles zufallen.»*[76]

Es geht um die Blickrichtung, die Grundhaltung und Lebenseinstellung. Es geht um eine Kehrtwende von der Ichbezogenheit zur Gott- und Menschenbezogenheit. Von den Bitten und Sorgen zum Loben und Danken. Von der angstvollen Spannung zur hoffnungsvollen Befreiung.

Der Unterschied ist markant spürbar: Ob ich mich mit meinen Sorgen und Ängsten Tag und Nacht quäle und doch nichts verändere. Denn schwierige Situationen verändern sich bekanntlich nicht durch Ängste und Sorgen. Sie werden damit in unseren Gedanken und Gefühlen eher schlimmer und unüberschaubarer. Oder ob ich bewusst meinen Blick auf Gottes Möglichkeiten richte, ihm meine Sorgen hinlege (und sei es auch tausend Mal, weil ich sie gleich wieder an mich reisse) und dankend bete.

Einer, der wusste, was es bedeutete zu leiden und trotzdem den Kopf nicht hängen zu lassen, war der Apostel Paulus. Er war fast ständig unterwegs und wusste kaum je, was der nächste Tag bringen würde, ob Fülle oder Verfolgung, ob Brot oder Steine. In seinem zweiten Brief an die Gemeinde in Korinth beschreibt er seine Nöte: fünfmal vierzig Geisselhiebe, dreimal mit Stöcken geschlagen, einmal gestei-

[76] Dito, S. Mt 6,33–34

nigt, dreimal Schiffbruch erlitten, Gefahren durch Flüsse, Räuber, Juden, Heiden und falsche Brüder, Gefahren in Städten, Wüsten und auf dem Meer, Erleiden von Hunger und Durst, Sorge um die neuen Gemeinden (2. Korinther 11,23–29).

Wer solches erfahren hat, ist absolut legitimiert und qualifiziert, uns zu ermutigen: *«Freuet euch in dem Herrn allewege, und abermals sage ich: Freuet euch! Eure Güte lasst kund sein allen Menschen! Der Herr ist nahe!* ***Sorgt euch um nichts, sondern in allen Dingen lasst eure Bitten in Gebet und Flehen mit Danksagung vor Gott kundwerden!*** *Und der Friede Gottes, der höher ist als alle Vernunft, bewahre eure Herzen und Sinne in Christus Jesus.*[77]*»*

Zusammengefasst heisst das: Weil Gott für uns sorgt, können wir uns um andere und somit um Gottes Reich sorgen. Wir vertrauen Gott unser Leben an und gestalten es in der Gegenwart. Was uns beschäftigt, belastet und freut, dürfen wir mit unserem Schöpfer besprechen. Er interessiert sich für uns. Sorgen und Ängste Gott anvertrauen, ihn um Hilfe bitten, das entspannt und befreit. In allen Herausforderungen des Lebens soll die Dankbarkeit nie vergessen gehen, denn sie ist der Schlüssel zur Zufriedenheit, und Zufriedenheit trägt wesentlich zu unserem Lebensglück bei.

[77] Martin Luther, *Die Bibel (1984);* 2004, S. Php 4,4–7

Denkanstoss

Vor einiger Zeit führte ich ein längeres Telefongespräch mit meiner betagten Patin. Als ehemalige Kindergärtnerin, Sonntagsschullehrerin und engagierte Pfarrfrau hat sie sich jahrzehntelang mit biblischen Texten auseinandergesetzt und sich darüber Gedanken gemacht, wie diese sowohl für Kinder als auch für Erwachsene verständlich gemacht, im Alltag gelebt und umgesetzt werden können. Während unseres Gesprächs kamen wir auf das leidige Thema «sich Sorgen machen» zu sprechen. Ich bat sie, mir aus ihrer Lebens- und Glaubenserfahrung einige Tipps zu geben, wie man dem «Sorgegeist» entgegensteuern könne. Und siehe da, sie musste nicht lange überlegen und nannte mir folgende Punkte:

- Sich daran erinnern, dass man sich in der Vergangenheit oft vergeblich gesorgt hat.
- Sich vor Augen halten, dass andere (um die ich mich sorge) auch eigene Kräfte haben. Ich traue ihnen etwas zu.
- Sich an 1. Petrus 5,7 erinnern: «Alle eure Sorge werft auf ihn; denn er sorgt für euch.»
- Versuchen, sich zu entspannen.

Ein anderer Wertmassstab

Bestimmt kennen wir sie alle, die folgenden Sätze:

Gott liebt jeden Menschen so, wie er ist. Er liebt ihn ganz unabhängig von seiner Leistung. Wir können uns Gottes Liebe nicht mit guten Taten erkaufen. Für Gott sind alle Menschen wertvoll. Ob Frau oder Mann, ob jung oder alt, ob krank oder gesund, ob behindert oder nicht behindert: Gott sieht jeden Menschen als sein Geschöpf an.

Diese christlichen Slogans werden gerne benutzt, wirken deshalb oft abgenutzt und werden kaum oder nur selten wirklich verinnerlicht. Schöne Worte mit wenig Inhalt. Denn wir sind Kinder unserer Zeit. Das Gedankengut unserer Leistungsgesellschaft infiltriert unser ganzes Sein, das habe ich in den vorhergehenden Ausführungen zu zeigen versucht. Und es macht auch nicht vor unseren Kirchentüren Halt.

Wer kennt sie nicht, die ewigen Litaneien von der Kanzel herunter: Ihr sollt das und das tun und dieses oder jenes unterlassen. Wehe, wer sich nicht an den Gemeindeaktivitäten beteiligt! Wehe, wer ab und zu einen Gottesdienst auslässt! Wehe, wer eine andere theologische Ansicht vertritt! Wehe, wer sich eine Freiheit nimmt, die dem anderen ganz unmöglich scheint! Kann der noch wirklich Christ sein?

Die Leistungsorientierung im christlichen Glaubensleben hüllt sich zwar in einen frommen Deckmantel. Aber sie ist dieselbe und hat ausserdem die gleichen Auswirkungen. Die Verbreitung des Burnout-Syndroms unter Pfarrern und Pastoren ist nur ein Beispiel dafür. Deshalb scheint es mir angebracht und notwendig, die Essenz des Menschseins, den tiefliegenden Wert eines jeden Menschen zu beleuchten und neu zu verinnerlichen. Dazu passt das Lied «Mensch» von Herbert Grönemeyer. Im Liedtext singt er: unter anderem folgende Zeilen:

«Und der Mensch heisst Mensch,
Weil er irrt und weil er kämpft
Und weil er hofft und liebt,
Weil er mitfühlt und vergibt
Und weil er lacht
Und weil er lebt.

«Der Mensch heisst Mensch, weil er lebt.» In einem seiner Essays schreibt John D. Zizioulas, Besuchsprofessor am King's College in London: «Die Essenz des Menschseins liegt in keinen menschlichen Qualitäten und Fähigkeiten – weder biologischer oder sozialer noch moralischer Art. Sie liegt vielmehr in seiner Einmaligkeit und Einzigartigkeit.» Und weiter: «Ontologisch[78] wichtig ist nicht, was ein Mensch ist, sondern, dass er oder sie – dieser oder diese Eine – sich selbst ist und nicht jemand anders. Dass je-

[78] Die **Ontologie** (aus dem Griechischen ὄν on als Partizip zu εἶναι einai «sein» und aus λόγος logos - «Lehre», «Wort») ist eine Disziplin der theoretischen Philosophie. Sie ist weitgehend synonym mit der Allgemeinen Metaphysik. Es geht ihr um die Grundstrukturen der Realität (des Seienden, dessen, was existiert). http://de.wikipedia.org/wiki/Ontologie

mand sich ist und nicht jemand anders, genügt (ist ausreichend), um ihn oder sie als Wesen zu identifizieren.»[79]

Einen weiteren interessanten Gedanken in diesem Zusammenhang äussert Ulrich Bach.[80] Er überträgt das Fundament der Rechtfertigungslehre auf die Essenz des Menschseins: «Die Reformatoren Luther und Calvin haben uns gelehrt, dass unsere Gerechtigkeit eine fremde, uns von aussen («extra nos») zukommende, eine geschenkte Gerechtigkeit ist. Dasselbe gilt genauso für unsere Lebensbasis: Sie ist eine fremde, uns von aussen geschenkte Lebensbasis. Das heisst also: ‹Ich bin Mensch, weil Gott…! Ich bin wer, weil Gott mich will.›»[81]

Ulrich Bach kehrt den bekannten Satz des französischen Philosophen Descartes (1596–1650) «Ich denke, also bin ich» um. Ausgehend von Psalm 8, Vers 5, wo es heisst: *«Was ist der Mensch, dass du seiner gedenkst?»*, formuliert er die These: «Ich bin gedacht, also bin ich.» Bach schreibt dazu: «Das Geheimnis und Wunder der menschlichen Existenz liegt nicht in dem, was ich aufzuweisen hätte, in dem, was ich habe oder was ich kann, sondern darin, dass Gott meiner gedenkt, dass er mich seinen Partner sein lässt.»[82]

[79] John D. Zizioulas, On Being a Person: Toward an Ontology of Personhood, a King's College Essay, T & T Clark, Edinburgh, 1991, p. 44–46
[80] Ulrich Bach erkrankte an Polio und verbrachte den Rest seines Lebens im Rollstuhl. Ich habe ihn leider nie persönlich kennengelernt. Hatte nur kurz vor seinem Tod Mail-Kontakt mit ihm. Ulrich Bach ist Verfasser von mehreren Büchern und wurde bekannt dank seines Nachdenkens über Gesunde und Behinderte in Theologie und Diakonie.
[81] Ulrich Bach, «Gesunde» und «Behinderte» – Gegen das Apartheidsdenken in Kirche und Gesellschaft, Gütersloher Verlagshaus, Gütersloh 1994, S. 62
[82] dito, S. 61f

Sich selber und nicht jemand anders sein, gedacht sein von Gott, dies gilt für alle Menschen! Für Menschen ohne oder mit Behinderung. Für Menschen mit vielen sichtbaren und für diese Gesellschaft wichtig erscheinenden, produktiven Fähigkeiten. Und für Menschen mit wenigen oder keinen sichtbaren und für diese Gesellschaft wichtig erscheinenden Begabungen. Dies gilt für sogenannt starke und schwache Menschen – für gesunde und kranke.

So werden die Wertvorstellungen in unserer Leistungsgesellschaft auf den Kopf gestellt. Es steht nicht mehr die Leistung im Mittelpunkt, sondern der Mensch. Das ist eine gute Nachricht für alle, die sich manchmal schwach und unfähig, unsicher und unbeachtet fühlen. Das ist eine Herausforderung für die, die sich ihren Selbstwert ausschliesslich aus der Arbeit und guten Taten holen. Gottes Liebe und Zuneigung ist ganz unabhängig von dem, was ich leiste. Sie entspringen allein seiner Entscheidung, mich in meinem ganzen Sein vorbehaltlos anzunehmen. Im 1. Johannesbrief (4,10) wird es so formuliert: *«Darin besteht die Liebe: nicht, dass wir Gott geliebt haben, sondern dass er uns geliebt hat und gesandt seinen Sohn zur Versöhnung für unsere Sünden.»*

Ein ausgezeichnetes Vorbild, das mir genau diese Wahrheit immer wieder vor Augen führt, ist Leonie.[83] Heute will ich sie besuchen. Das Taxi für Menschen mit Behinderung bringt mich ans gewünschte Ziel. Es ist ein herrlicher Frühlingstag. Noch lässt das zarte Grün der Bäume auf sich warten. Trotzdem liegt das Erwachen der Natur in der Luft. Eigentlich müsste man die Alpenkette sehen. Heute

[83] Name von der Autorin geändert.

jedoch bleibt sie in einem Dunstschleier verborgen. Macht nichts. Schliesslich bin ich nicht hier, um die schöne Aussicht zu geniessen.

Ich finde Leonie im Aufenthaltsraum in ihrem Rollstuhl sitzend. Ihr Gesicht strahlt, als sie meine Stimme hört. – Leonie erlitt mit zwölf Jahren eine Stoffwechselerkrankung und ist seither fast völlig gelähmt und blind. – Ein Pflegefachmann gesellt sich zu uns, neigt sich liebevoll seiner Schutzbefohlenen zu und fragt, ob sie gerne mit ihrem Besuch auf die Terrasse gehen möchte. Leonie will das und wird behutsam nach draussen geschoben. Dort empfängt uns eine kühle Brise, zu kalt, um einfach irgendwo zu sitzen. Der Pflegefachmann schiebt Leonie zuerst da-, dann dorthin, sucht für uns ein windgeschütztes Plätzchen, holt eine Decke, in die er Leonie hüllt, und verabschiedet sich von uns mit dem Versprechen, in einer halben Stunde nach uns zu sehen. Darüber bin ich froh. Denn wir beide sind und bleiben auf Hilfe angewiesen.

Ein angenehmer Moment der Zweisamkeit beginnt. Wir plaudern über ihre und meine Welt, über Gott und seine Liebesgeschichte mit uns Menschen. Ich lese ihr Psalm 23 vor und bin erstaunt über ihr Wissen über König David und andere Geschichten aus dem Alten Testament. – Keinen Finger kann die junge Frau rühren. Sie ist eingesperrt in einen hilfsbedürftigen Körper, dem sie nicht mal mit ihren Augen entfliehen kann. Was sie ertragen muss, wäre mein persönlicher Alptraum. Und doch strahlt in ihrem Gesicht ein Leuchten, ist sie begeistert von Jesus, ihrem Freund und Helfer. Sie ist meine persönliche Lehrerin für das, was im Leben wirklich zählt.

Denkanstoss

Das Einfach-nur-Sein üben:

- Nehmen Sie sich einen Moment Zeit (mind. 5 Minuten).
- Schalten Sie möglichst alle «Ruhestörer» (Radio, TV, PC, IPhone etc.) aus.
- Setzen Sie sich in Ihren Lieblingssessel oder -stuhl in der Wohnstube, im Garten oder auf dem Balkon.
- Legen Sie die Hände in den Schoss.
- Schliessen Sie die Augen.
- Tun Sie gar nichts als ein- und auszuatmen.
- Lassen Sie sich folgenden Satz durch den Kopf gehen: «Ich bin geliebt in meinem Sein!»oder «Gott liebt mich in meinem Sein!»

Gebet

Der Vater sagt, ich sei zu klein.
Die Mutter sagt, ich sei zu langsam.
Der Lehrer sagt, die anderen seien besser.
Die Kollegen sagen, ich sei nicht solidarisch.
Der Leutnant sagt, ich habe keine Haltung.
Der Pfarrer sagt, ich sei auf dem falschen Weg.
Meine Frau sagt, die anderen verdienen mehr.
Die Kinder sagen, der Vater sei ein Waschlappen.
Und du, was sagst du, grosser Gott, Vater im Himmel?
Du sagst, ich sei dir ähnlich.

Walter J. Hollenweger

Verantwortung und Achtsamkeit

Ich bin mir durchaus bewusst, dass im Nachdenken über Verantwortung und Achtsamkeit ein Widerspruch zum «Einfach-nur-Sein» liegt. Es stellt sich die berechtigte Frage, ob dadurch nicht gleich wieder das Leistungsdenken unterstützt wird.

Seit ich mich mit der Bibel auseinandersetze, stosse ich immer wieder auf verschiedene Spannungsfelder, die Gott uns zumutet. Im Nachdenken übers Leid habe ich darüber geschrieben, dass wir von ihm Hilfe, Unterstützung und auch Heilung erwarten und erbitten dürfen. Aber dass wir ihm die Entscheidung überlassen müssen, wie, wann und ob er eingreift. – Ein ähnliches Spannungsfeld finden wir hier: Wir dürfen als Kinder Gottes einfach nur sein. Seine Liebe ist uns absolut gewiss, ganz unabhängig von unserem Verhalten. Trotzdem ruft er uns auch in die Verantwortung. Das eine schliesst das andere nicht aus. Manchmal brauchen wir auf unserem Glaubensweg mehr das Eine: sich entspannen und lieben lassen von Gott. Manchmal mehr das andere: sich wirklich bemühen und an sich arbeiten.

Wie wir bereits im ersten Teil dieses Buches gesehen haben, hat Gott uns Menschen nicht als Marionetten geschaffen, sondern als Wesen, die ihm Gegenüber und Gesprächspartner sein dürfen. Wir erhalten damit Würde – sind geadelt.[84] Gott macht uns zu mündigen Menschen.

[84] Ins Leid gepflanzt, S. 8

Die neusten Erkenntnisse in der Neurobiologie unterstützen diese Überzeugung. Joachim Bauer[85] nennt die Mündigkeit des Menschen «Selbststeuerung» oder «Selbstkontrolle». Ihr Sinn liege darin, das eigene Leben zu leben und zur persönlichen Identität zu finden. Wer wie ein Kleinkind nur seinen Instinkten und spontanen Impulsen folge, habe kein Selbst.[86] Der im Stirnhirn (dem sogenannten Präfrontalen Cortex) angelegte freie Wille müsse aktiviert und trainiert werden. Dieser Prozess erhalte in der Erziehung – im Erleben von sozialen Erfahrungen, im Einüben der Kontrolle von Basisinstinkten wie Genuss oder Unlust etc. – das wichtige Fundament, von dem aus im weiteren Leben weitertrainiert werden könne.[87] Bauer kritisiert die

[85] Professor Dr. med. Joachim Bauer ist Neurobiologe, Arzt und Psychotherapeut und lehrt an der Universität Freiburg.

[86] Joachim Bauer, Selbststeuerung – die Wiederentdeckung des freien Willens, Karl Blessing Verlag, München, 2015, S. 13-53: Dieses Selbst zu trainieren sei ein wichtiger Aspekt in der Erziehungsarbeit. Bauer erklärt, dass es im menschlichen Gehirn zwei Fundamentalsysteme gibt:

- Ein Basissystem, das die neurobiologische Grundlage für triebhafte, spontane und meist automatisch ablaufende Verhaltensweisen ist.
- Und das Aufbausystem, das seinen Sitz im Stirnhirn (dem Präfrontalen Cortex) hat. Dieses kann das Basissystem kontrollieren und ermöglicht die Selbstkontrolle. Der PFC ist der Sitz des freien Willens.

Der Präfrontale Cortex (abgekürzt PFC) ist bei der Geburt eines Kindes ein noch weitgehend unbeschriebenes Blatt. Seine Nervenzellen sind aber bereits vorhanden. Selbstkontrolle ist «einem Säugling und Kleinkind aufgrund der neurobiologischen Unreife seines PFC in den ersten etwa 18 bis 24 Monaten daher noch nicht möglich.» Jenseits des zweiten Lebensjahres aber braucht das Kind eine bewusste und konsequente Erziehungsarbeit von Eltern, Erzieherinnen und Lehrkräften. Das eigentliche Ziel, nämlich die Selbstkontrolle, kann nur erreicht werden, wenn das Kind lernt «eigene Impulse zu bremsen, Aufschub zu ertragen und Verzicht zu üben.» Die Fähigkeiten des PFC entwickeln sich in den ersten zwanzig Lebensjahren. Erst wenn der PFC ausgereift und funktionstüchtig ist, kann er das Basissystem kontrollieren – d. h. die Wünsche nach Wohlbefinden, Genuss sowie die Abneigung gegen Unlust und Schmerz kontrollieren – zum Beispiel über den eigenen Schatten springen, auf sofortige Lustbefriedigung verzichten.

[87] Bauer, Selbststeuerung, S. 39

zunehmende gesellschaftliche Tendenz, die Existenz eines freien Willens zu verleugnen und schreibt: «Welchen besseren Begleitschutz gäbe es für eine Gesellschaft der Opfer, die sich auf den Weg in die gelernte kollektive Hilflosigkeit aufzumachen scheint, als die scheinbar gesicherte Nichtexistenz des freien Willens?»[88]

Mündigkeit und Selbstkontrolle bedeuten, dass Gott uns in die Verantwortung ruft. Wir sollen, so weit das in unserer Macht steht, Verantwortung übernehmen für uns, für unsere Liebsten, für die, die uns im Beruf anvertraut sind, für unsere Umgebung und die Schöpfung. In diesem Sinn sind wir «unseres eigenen Glückes Schmied». Oder anders gesagt, wir können sehr viel zu unserer Zufriedenheit und unserm Lebensglück beitragen. Vererbung hin oder her. Denn: «Gene steuern nämlich unseren Körper nicht nur, sie werden umgekehrt auch ihrerseits von unserem Körper gesteuert.»[89] Interessanterweise beeinflussen nicht nur der Lebensstil, die Ernährung und die körperliche Betätigung die Steuerung unserer Gene, sondern auch unsere Erfahrungen in zwischenmenschlichen Beziehungen. Anscheinend «werden soziale Erfahrungen vom Gehirn in biologische Prozesse verwandelt, die sich dann ihrerseits an der

[88] Dito, S. 29–33: bezieht sich auf: R. F. Baumeister et al: Prosocial Benefits of Feeling Free: Disbelief in Free Will Increases Aggression and Reduces Helpfulness. Personality and Social Psychology Bulletin 35: S. 260–268 (2009): Menschen, denen man erfolgreich suggerierte, dass es so etwas wie einen freien Willen gar nicht gebe, legten in ihrem nachfolgenden Verhalten deutlich weniger Selbstkontrolle an den Tag und verhielten sich (je nach Möglichkeit) unmoralischer (u. a. asozialer).

[89] Bauer Joachim, Das Gedächtnis des Körpers – Wie Beziehungen und Lebensstile unsere Gene steuern, Eichborn, Frankfurt am Main, 2002/2010 und Piper Verlag, München, 2004/2013

Steuerung von Genen beteiligen.»[90] Das heisst, es ist wichtig die Opferhaltung in Bezug auf unser Unglück oder Glück aufzugeben und unser Leben mit Gottes Hilfe aktiv zu gestalten.

Mündigkeit heisst zudem, dass Gott uns zu Achtsamkeit ermutigt. Wir sollen hellwach, mit offenen Augen und kritischem Verstand durch die Welt gehen.

Wenn ich mit Jugendlichen übers Glück rede und schliesslich bei der Eigenverantwortung und beim kritischen Denken angelangt bin, dann erkläre ich ihnen, dass sie eigentliche Meister im Kritisieren sind. Zur Phase der Pubertät gehört das Kritisieren der Eltern. Man betrachtet sie und ihr Tun mit Argwohn, findet ihre Verhaltensweisen peinlich, will nur ja nicht die gleichen Ideen verfolgen und Meinungen vertreten, nur ja nicht gleich reden oder aussehen. Man will sich abgrenzen, eigene Wege gehen. Diese Fähigkeit, nicht alles ringsum für bare Münze zu nehmen, vieles zu hinterfragen und kritisch zu bedenken, sollen sie nun auch in Bezug auf ihr weiteres Umfeld, auf das Tun und Lassen ihrer Kollegen und Freunde, auf deren und ihr persönliches Konsumverhalten übertragen. Dasselbe gilt auch für uns Erwachsene.

Auch Jesus ermuntert uns zur Achtsamkeit und Kritikfähigkeit. Mit Kritikfähigkeit meine ich hier nicht nur, dass man sich von Freunden kritisieren lässt, diese Kritik auch prüft, wo nötig annimmt und sich dementsprechend verändert. Sondern ich meine damit die Fähigkeit zum kriti-

[90] Bauer, Selbststeuerung, S. 116

schen Denken und Hinterfragen. Es ist nicht alles Gold, was glänzt. Der Schein kann durchaus trügen. Was von aussen wunderschön, nett, wahr, treu, begehrenswert oder lammfromm erscheint, kann sich beim näheren Hinsehen als hässlich, perfide, lügnerisch, treulos, ekelerregend und bösartig erweisen. Im letzten Kapitel der Berglehre lesen wir dazu folgenden interessanten Text:

«Seht euch vor vor den falschen Propheten, die in Schafskleidern zu euch kommen, inwendig aber sind sie reissende Wölfe. An ihren Früchten sollt ihr sie erkennen. Kann man denn Trauben lesen von den Dornen oder Feigen von den Disteln? So bringt jeder gute Baum gute Früchte; aber ein fauler Baum bringt schlechte Früchte. Ein guter Baum kann nicht schlechte Früchte bringen und ein fauler Baum kann nicht gute Früchte bringen. Jeder Baum, der nicht gute Früchte bringt, wird abgehauen und ins Feuer geworfen. Darum: an ihren Früchten sollt ihr sie erkennen.»[91]

Ein faszinierend einfaches Bild, das uns Jesus hier gibt. Jedes Kind kann es verstehen. Liest man den ganzen Abschnitt, wird klar, dass Jesus diesen Massstab in Bezug auf die Entlarvung von falschen Propheten anlegt, die vorgeben, den göttlichen Willen zu tun, sich jedoch als Wölfe im Schafspelz entpuppen. Dieses Mittel zur Prüfung kann aber durchaus auf unser Verhalten als Christen, auf unsere Gesellschaft und auf die Medien übertragen werden.

Dornen und Disteln bringen keine essbaren, nahrhaften Früchte. Nur ganz hartgesottene Esel und Ziegen betrach-

[91] Martin Luther, *Die Bibel (1984);* 2004, S. Mt 7,15–20

ten sie als Nahrung in kargen Lebensräumen. Hätten sie die Wahl zwischen fettem, wohlriechendem Gras und dieser stacheligen Kost, die Entscheidung würde ganz bestimmt anders ausfallen. Uns Menschen sind Disteln im Garten bloss ein Dorn im Auge. Und Dornen akzeptieren wir nur in Ausnahmefällen, beim Beerenpflücken und Rosenpflanzen. Eine Nutzpflanze, die nicht die gewünschten wohlschmeckenden, sondern nur faulig-stinkende Früchte bringt, disqualifiziert sich selber.

Was bringt unser Leben, unser Christsein für Früchte hervor?

Wieder einmal bin ich am Radiohören. Die Sendung zieht mich sofort in ihren Bann. Ehemalige Verdingkinder kommen zu Wort. Sie erzählen von allzu harter Arbeit, körperlichen und seelischen Misshandlungen und Vernachlässigungen. Dabei unterscheiden sich ihre Geschichten nur in der Diversität der erlittenen Qualen und werden für mich an einem Punkt absolut unerträglich: Ein Mann erzählt, dass die Familie, bei der er als minderer Knecht schuften musste, jeden Sonntag «fromm» zur christlichen Versammlung ging. Als erwachsener Mann habe er das Gespräch mit der Familie gesucht, sie besucht und gefragt, weshalb er so schlecht behandelt worden sei. Ihre Antwort darauf habe gelautet: «Wenn es dir schlecht geht, musst du halt Jesus suchen.»

Das Leben, das diesem Mann als Kind von sogenannten Christen geboten wurde, war kein Leben. Dieser Mann hat bewundernswerterweise den Verursachern seines Leids die Gelegenheit geboten, sich zu entschuldigen. Doch sie haben sie nicht ergriffen. Solche «Frucht» des Christseins stinkt zum Himmel. Gute Früchte sehen anders aus. In diesem Fall hätten sie Reue, Entschuldigung, Umkehr, Veränderung, Wiedergutmachung geheissen. Man kann sich, wenn nötig, auch für die Taten seiner Eltern, Gross- und Urgrosseltern entschuldigen.

Als Christen treten wir in die Fussstapfen von Jesus. Durch uns soll seine Botschaft von Liebe und Vergebung sichtbar werden. Wir sind das Licht der Welt. So sagt es Jesus in Matthäus 5,14. Diese Tatsache bringt Verantwortung mit sich. Es ist nicht egal, wie wir uns hier auf dieser Erde verhalten, was wir tun und lassen. Verantwortung übernehmen und Achtsamkeit üben heisst nicht, dass wir perfekt sein müssen, keine Fehler machen dürfen. Verantwortung übernehmen heisst vielmehr, immer mal wieder vom hohen Ross heruntersteigen, zu seinen Fehlern stehen, sich entschuldigen, das Verhalten ändern, andere – Jesus ähnlichere Wege einschlagen.

AUF DER SUCH
DEM GLÜCK
FINDEST DU ES!

Denkanstoss

Der Mensch hat dreierlei Wege,
klug zu handeln:
erstens durch Nachdenken,
das ist der edelste,
zweitens durch Nachahmen,
das ist der leichteste,
und drittens durch Erfahrung,
das ist der bitterste.

Konfuzius

Ein Geschenk, das es auszupacken gilt

Diese christliche Sicht auf das Thema «Glück» erscheint mir wie ein Geschenk mit verschiedenen Inhalten. Unausgepackt ist das Geschenk zwar interessant, es bleibt aber theoretisch und irreal. Wagt man es zu öffnen, die Inhalte aus ihrer Verpackung zu schälen und sie anzuwenden, werden sie fassbar. Dann bringen sie die nötige Veränderung in unsere Sicht auf die Welt, auf uns selber und auf unser Lebensglück.

Was erhalten wir denn nun von diesem «Glücksverständnis» geschenkt?

- Wir erhalten eine Warnung: Besitz ist vergänglich. Wir dürfen uns daran freuen, sollen aber nicht unser Glück davon abhängig machen.
- Wir erhalten vorbehaltlose Liebe zugesprochen. Wir erhalten Wert. Denn wir sind wertvoll, auch ohne Leistung. Dies entlastet von Stress und bringt Ruhe in unser hektisches Leben. Ein wichtiges Fundament für unser Lebensglück.
- Wir erhalten Befreiung von Sorgen. Wenn sie kommen, und das werden sie bestimmt, dann sind sie eine Last, die wir Gott getrost übergeben dürfen.
- Wir erhalten eine Aufgabe, indem wir aufgerufen sind, achtsam zu sein und Verantwortung zu übernehmen. Wir haben einen freien Willen erhalten. Diesen sollen wir trainieren, nicht als Selbstzweck, sondern damit das nahe und das weite Umfeld seine positiven Auswirkungen spüren kann.

Glück bedeutet somit nicht, alles tun zu können, reich, schön und erfolgreich zu sein. Es bedeutet vielmehr zu wissen und zu spüren, dass man ein wertvoller, geschätzter und geliebter Mensch ist. Das ist das Glück, in das man trotz allem Leid, trotz allen Schwierigkeiten, trotz allen Enttäuschungen hineinwachsen kann. Das ist das Glück, das man haben kann, obwohl sich nicht alle Wünsche, Hoffnungen und Erwartungen erfüllen. So wird unser «Streben» nach Glück ein Sich-Ausstrecken nach bleibenden, wahren Werten.

Denkanstoss

November-Psalm

Ich male mir mein Leben Herr
Nach deinen Breitengraden
Du lässt mich ganz leicht schweben
Gleich wie am seidnen Faden

Wohl über Sand und Meere
Ich sehe Prunk und Pracht
Ich sehe Lust und Leere
Die Not und auch die Nacht

Dein Blick tut mir Genüge
Du weisst was Elend ist
Ich tröste und ich füge mich
Mein Herre Jesu Christ

Am Ende lebt die Liebe
Gar einzig und allein
Drum komm und sprich und übe
Mit uns das Glücklichsein

Wir brauchen dein Erbarmen
Im finstern Weltgeschehn
Bis wir in deinen Armen
Uns alle wiedersehen.

Hanns Dieter Hüsch: Sehnsucht – Ich seh ein Land mit neuen Bäumen
Aus: Hanns Dieter Hüsch/Uwe Seidel: Ich stehe unter Gottes Schutz, Seite 81,

Meine persönlichen «Glücksbringer»

Ja, es gibt sie durchaus, die persönlichen Momente des Glücklichseins. Davon möchte ich in einem abschliessenden Teil berichten. Achtsam durchs Leben zu gehen heisst für mich unter anderem, dass ich mit offenen Sinnen meinen Alltag erlebe. Dabei frage ich mich: «Was sind die kleinen und grossen Dinge, die schönen und beglückenden Erlebnisse, die mir im Alltäglichen geschenkt werden?» Ich sammle diese, indem ich die jeweiligen Ereignisse auf kleine Zettel schreibe (mit Datum) und diese in einer Büchse aufbewahre. Jeweils am Ende des Jahres öffne ich die Büchse wie eine Wundertüte und lese die Zettel, bevor ich sie im Kachelofen verbrenne. Viele der Dinge, die ich lese, habe ich längst vergessen. Andere sind mir in bester Erinnerung. Alle jedoch wecken in mir eine Dankbarkeit für viel Schönes und Gutes, das mir das betreffende Jahr gebracht hat.

Lektüre

Seit ich lesen kann, bin ich Leseratte und Bücherwurm zugleich. Menschen, die keine Bücher lesen, sind mir ein Rätsel. Wie man seine Zeit ohne Buch verbringen kann, ist mir unvorstellbar. Bücher sind Zeitvertreib, Informationsquelle, Freudenspender und eben auch Glücksbringer. Die nachfolgenden Textauszüge sind mir während meiner Arbeit an diesem Buch begegnet – vielsagende Texte, die bestens zur Thematik von Leid und Glück passen:

Zenta Maurina[92] schildert in ihrem Buch «Jahre der Befreiung» eine Begegnung mit einem ehemaligen Wehrmachtssoldaten, der während des 2. Weltkriegs in Lettland stationiert gewesen war. Er erzählt ihr, dass er als Atheist in den Krieg gezogen sei, sich aber durch das Lesen der Bibel zum Pazifisten gewandelt und durch ein Wunder den Posten eines Kochs in der Armee erhalten habe. Auf dem überstürzten Rückzug vor der Roten Armee habe er verdreckt und müde bei einer lettischen Bauernfamilie um etwas Nahrung gebeten. Man behandelte ihn wie einen lieben Gast und sagte ihm, mit jedem Fremden trete Christus ins Haus. Zehn Jahre seien seit dieser Erfahrung vergangen und er habe mittlerweile Frau und Kinder. Aber «so glücklich wie in jenem Augenblick, als die wildfremden Menschen mich, den schmutzigen Landser, an ihren weissgedeckten Tisch setzten, so glücklich, so dankbar glücklich bis in die Haarwurzel, bin ich nie wieder gewesen.»[93]

Felix Mendelssohn Bartholdy schreibt in seinen Tagebuchaufzeichnungen, die er als Bericht für seine Schwestern verfasste, von seiner Reise durch die Schweiz und von seiner Begeisterung für deren Schönheiten. Er bereiste unter anderem das Berner Oberland und schrieb am 18. August 1831 in Hospental: «...bin heute über Grimsel und Furka gekommen, und was ich am meisten gesehen habe, sind die schäbigen Ecken meines Regenschirms – die grossen Berge fast gar nicht. Einmal kam heute das Finsteraarhorn

[92] Zenta Mauriņa (geboren am 15. Dezember 1897 in Lejasciems bei Gulbene, Gouvernement Livland, Russisches Reich, jetzt Lettland; † 25. April 1978 in Basel) war eine lettische Schriftstellerin.

[93] Zenta Maurina, Jahre der Befreiung – Schwedische Tagebücher 1951–1958, Maximilian Dietrich Verlag, Memmingen, 1965, S. 192

heraus, aber es sah so böse aus, als wollte es einen fressen. … Wenn man in der Schweiz wenig sieht, so ist es doch immer noch mehr, als in den andern Ländern. ( ) Wenn ich aber die Leute sehe, wie sie durch die Schweiz laufen, und daran eben so wenig Besonderes finden, wie in allem andern, ausser an sich; wie sie so gar nicht gerührt, so gar nicht durchgeschüttelt sind; wie sie sogar den Bergen gegenüber kalt und philiströs bleiben – ich möchte sie manchmal prügeln. Hier sitzen zwei Engländer neben mir, und eine Engländerin oben auf dem Ofen, – die sind hölzerner als Stöcke. – Ich reise nun ein paar Tage denselben Weg mit ihnen, und wenn das Volk doch ein anderes Wort gesprochen hätte, als geschimpft, dass es weder auf der Grimsel, noch hier Camine (Kamine) gebe; dass hier Berge sind, haben sie nie erwähnt, sondern ihr ganzes Reisen besteht in Schelten auf den Führer, der sie auslacht, Zanken mit den Wirten, und Gähnen miteinander. Es ist ihnen alles um sie herum alltäglich, weil es in ihnen alltäglich aussieht; daher sind sie in der Schweiz nicht glücklicher, als sie in Bernau sein würden. – Ich bleibe dabei: Das Glück ist relativ. Ein anderer würde seinem Gott danken, dass er alles das sehen kann. Und so will ich denn der Andere sein!»[94]

Der deutsche Theologe Jürgen Moltmann begegnete mir in seinen Büchern zum ersten Mal während des Studiums. Sein Buch «Der Gekreuzigte Gott» hat mich und meine

[94] Felix Mendelssohn Bartholdy, Reisebriefe aus den Jahren 1830 bis 1832, herausgegeben von Paul Mendelssohn Bartholdy in Berlin, Leipzig, Hermann Mendelssohn, 1863, S. 253–257

Theologie in Bezug auf die Frage der Theodizee[95] nachhaltig geprägt. Moltmann schreibt aus seinen Kriegserfahrungen: «Was ich in der Gefangenschaft sehr plötzlich erfuhr, war das Absterben aller Haltepunkte und Haltungen, die das Leben bis dahin getragen hatten. Irgendein wohlmeinender Army chaplain hat mir damals ein Neues Testament geschenkt. Ich fand das unpassend, hätte lieber etwas zu essen gehabt. Aber dann haben mich im Anhang die Psalmen fasziniert. Ich fand darin die Sprache, ‹zu sagen, wie ich leide›. Sie öffneten mir die Augen für den Gott, der bei denen wohnt, ‹die zerschlagenen Herzens sind›. Aus den Erfahrungen, im Bodenlosen nicht zu versinken, sondern von ferne gehalten zu sein, ist mir auch jene Hoffnung klargeworden, ohne die man nicht leben kann. Das Christentum ist ganz und gar und nicht nur im Anhang Hoffnung, Aussicht und Ausrichtung nach vorn. Der christliche Glaube lebt von der Auferweckung des gekreuzigten Christus und streckt sich nach den Verheissungen der universalen Zukunft Christi aus.»[96]

Ein letzter «Glücksbringer» ist für mich Hans Bruns' Übersetzung von Psalm 73. Vers 28 liest sich so: «Mir ist die Gemeinschaft mit Gott das einzige Glück. Ich setze mein Vertrauen allein auf den Herrn. Ich will alle deine Wohlta-

[95] **Theodizee** heisst «Gerechtigkeit Gottes» oder «Rechtfertigung Gottes». Gemeint sind verschiedene Antwortversuche auf die Frage, wie das Leiden in der Welt vor dem Hintergrund zu erklären sei, dass Gott einerseits allmächtig, andererseits gut sei. Konkret geht es um die Frage, warum Gott das Leiden zulässt, wenn er doch die Potenz («Allmacht») und den Willen («Güte») besitzen müsste, das Leiden zu verhindern. Der Begriff «Theodizee» geht auf den Philosophen und frühen Aufklärer Gottfried Wilhelm Leibniz zurück.: https://de.wikipedia.org/wiki/Theodizee

[96] Moltmann Jürgen, Warum ich Christ bin, in: Jens W. Hrsg., Warum ich Christ bin, München 1979

ten verkündigen.»[97] Mehr und mehr mit dem Psalmdichter einstimmen zu können in dieses Glücksempfinden, das wünsche ich mir.

Freundschaft

Wenn ich auf mein bisheriges Leben zurückblicke, dann scheint es mir, als zeuge es tatsächlich davon, dass «soziale Erfahrungen vom Gehirn in biologische Prozesse verwandelt werden, die sich dann ihrerseits an der Steuerung von Genen beteiligen.»[98] In meinem Leben hat sich das bewahrheitet – sowohl in schwierigen und schmerzlichen Beziehungen als auch in erfüllenden und beglückenden. Beide haben unauslöschliche Spuren in mir hinterlassen.

Für mein persönliches Lebensglück sind schöne Erfahrungen in zwischenmenschlichen Beziehungen von grosser Wichtigkeit. Sie haben spürbaren Einfluss auf mein Wohlbefinden. Zenta Maurina hat es treffend ausgedrückt: «Die zarteste und intensivste Art der Gemeinschaft ist die der Freundschaft.» Und: «Gegenseitiges Hineinlauschen, Wohlwollen, das sich in die Tat umsetzt, nenne ich Freundschaft.»[99]

Von einer beglückenden Begegnung möchte ich erzählen: Ich erhalte die Einladung für eine Autorenlesung im eigenen Dorf. Das Team der Bibliothek hat mich gebeten, am 17. Januar 2014 aus meinen «Fussnotizen» zu lesen. Ein

[97] Hans Bruns, *Die Bibel*, Psalm 73,28
[98] Bauer, Selbststeuerung, S. 116
[99] Zitate aus Zenta Maurina, Jahre der Befreiung, S. 239

Heimspiel, das mir ein bisschen auf dem Magen liegt. Ob sich wohl überhaupt ein paar Zuhörende einfinden werden? Haben hier nicht alle den Eindruck, mich bereits zu kennen? Wie wird sich die Fragerunde gestalten? Wird man mich ernst nehmen? Oder mich bloss als armlose, im Elektrorollstuhl sitzende Simea sehen?

Schön ist es, das Wohlwollen der Gastgeberinnen zu spüren und zu wissen, dass ich in angenehmen Räumlichkeiten lesen werde. Man hat mich darüber informiert, dass im Moment Naturfotografien die Wände des Kulturkellers Gerbestock zieren. Doch nichts hätte mich auf die tiefe Wirkung dieser Bilder vorbereiten können. Fotografien wie Gemälde hängen da. Insekten, Blumen und Gräser, für das blosse Auge in der Natur oft unscheinbar, sind nun hautnah auf Leinwand, Forex-[100] und Aluminium-Platten gebannt. Ein Bild berührt mich ganz besonders. Es zeigt genau meine Perspektive, die ich sitzend im Rollstuhl auf wogende Gräser habe. Gräser, die bis in den Himmel wachsen.

Ein schöneres Ambiente für die Lesung meiner Texte kann ich mir nicht vorstellen. Ausgezeichnet passt vor allem mein «Viertes Zimmer». Gut, dass ich für heute auch dieses Kapitel ausgewählt habe! Der Abend beginnt. Es haben sich erstaunlich viele Menschen eingefunden. In der vordersten Reihe fällt mir ein Mann auf, der mir mit grosser Intensität zuhört – eine Intensität, die ich fast körperlich zu spüren meine. Sein durchdringender Blick könnte mich aus dem Konzept bringen. Also lasse ich meine Augen nur

[100] Forex-Platten sind besonders leichte Hartschaumplatten, die für den Digitaldruck benutzt werden.

selten in diese Richtung schweifen. Nach der Lesung kommt er auf mich zu, stellt sich und seine Frau vor: Fritz und Verena Nafzger. Er und sein Sohn Marc sind die beiden Fotografen, deren Kunstwerke mich so beeindrucken.

Menschen, die sich ohne Umwege und ungefragt in mein Herz schleichen, sind selten. Bei den beiden ist es aber wieder mal so. Sie sind mir sympathisch. Ich möchte sie gerne näher kennenlernen. Aber, da sind noch viele andere, die mit mir plaudern, mir ihr Herz ausschütten oder ihr Exemplar «Fussnotizen» signieren lassen wollen. Auch mit meinem Verleger, der extra aus Bern angereist ist, kann ich kaum ein paar Worte wechseln. «Das gehört zu deiner Arbeit! Du bist nicht für dein eigenes Vergnügen hier!» So rede ich mir zu und fahre nach der Veranstaltung erfüllt nach Hause.

Ein paar Wochen später klingelt das Telefon. Verena Nafzger ruft mich an. Ob Fritz und sie mich wohl besuchen dürften? Sie würden mir gerne etwas überreichen. – Meine Freude ist gross! Ohne einen Finger (bzw. eine Zehe) krümmen zu müssen, wird mir ein Wunsch erfüllt. Gespannt und mit einer Ahnung im Herzen sehe ich unserem Treffen entgegen. Und tatsächlich: Die beiden schenken mir genau die Fotografie, die mir an jenem Abend ganz besonders gefallen hat – «mein» Gräserbild! Und sie schenken mir noch sehr viel mehr dazu, nämlich ihre Zeit, ihr Erzählen aus ihrem reichen Leben, ihr Interesse an mir, ihr offenes Ohr. Ob sich aus dieser einen Begegnung eine Freundschaft entwickelt, wird die Zeit zeigen. Für mich ist auf jeden Fall klar, dass die beiden ein Geschenk des Himmels sind.

Begegnungen, Freundschaften, Gespräche, auch die wortlose Gemeinschaft, das Teilen von Freuden und Leiden – all diese Dinge sind kostbare Perlen, die mein Leben bereichern.

Natur

Endlich! Wieder einmal hat uns der Sommer fest im Griff. Das Thermometer steigt fast täglich weit über 30 Grad. Die Abende sind mild, so dass ich ohne wärmendes Schultertuch und mit schön warmen Füssen bis weit in die Nacht hinein draussen sitzen kann. Erstaunlicherweise hält sich die Mückenplage in Grenzen. Wahrscheinlich sind es die Fledermäuse, die das ihrige zur Dezimierung beitragen.

Wochenlang warte ich auf meinen stacheligen Gartenbewohner, sitze mucksmäuschenstill auf der Lauer. Doch vergeblich! Kein Igel lässt sich blicken. Schliesslich ist es entschieden. Anstatt mich ständig auf die am Boden lebenden Tiere in meinem Garten zu konzentrieren, will ich ab jetzt meine Blickrichtung ändern. Und siehe da: Über dem Garten regt sich so einiges im Dämmerlicht. Eine kleine Fledermaus zieht ihren Kunstflug durch die Lüfte, eine zweite gesellt sich dazu. Plötzlich sehe ich wieder eine, aber die ist bedeutend grösser, und dann noch eine von der gleichen Art. Vier sind es also, die sich den Himmel über mir als ihre Jagdgründe ausgewählt haben. Das Tierlexikon klärt mich darüber auf, dass es 30 einheimische Fledermausarten gibt. Keine Ahnung, welche es hier sind.

Auf dem Weg ins Schwimmbad. Ich halte einen kurzen Moment im lichten Schatten einer Birke und schaue mich um. Mein Blick fällt auf einen üppigen Lavendelbusch, der ebenfalls im Schatten der Birke steht. Erstaunlich, wie viele Insekten sich darauf tummeln. Anscheinend mögen auch sie lieber im Schatten als in der brütenden Hitze arbeiten. – Da tanzen mindesten sechs Schmetterlinge von der Gattung «Grosses Ochsenauge» auf und ab, setzen sich für Sekunden hin, um gleich wieder fortzufliegen. Ein Kohlweissling gesellt sich dazu. Zwei Taubenschwänzchen schwirren von Blüte zu Blüte. Diese Wanderfalter können bis zu 3'000 Kilometer in nur 14 Tagen zurücklegen. Was diese beiden hier mir wohl von ihrer Reise erzählen könnten? – Mehrere Hummeln suchen eifrig nach Nahrung. Mindestens eine Spinne lauert auf die Unachtsamkeit der geflügelten Gäste. Ameisen krabbeln die Äste hoch. Ihren Bau kann ich nicht ausmachen. Wer weiss, wie viele Meter weit weg sie sich auf ihrer Arbeit vom Zuhause entfernten, wie fleissige Wanderarbeiter!

Schliesslich halte ich es trotz Schatten nicht mehr in der Hitze aus. Das kühle Nass lockt. Zehn Minuten später steige ich ins 25 Grad warme Wasser. Diesmal habe ich einen guten Moment erwischt. In den Sommerferien wird morgens ausgeschlafen. Noch sind kaum andere Gäste im Freibad. Das Schwimmerbecken teile ich nur mit drei anderen Frühaufstehern. Ich tauche ein und drehe mich auf den Rücken – der wolkenlose Himmel über mir. Ein Rotmilan und ein Bussard gleiten durch die Lüfte, ihr scharfer Blick auf Nahrungssuche. Eine Schwalbe flitzt über das Wasser, taucht blitzschnell ihren Schnabel ein und trinkt. Ein herrlicher Moment.

Wieder zu Hause empfangen mich die relativ kühlen Temperaturen in meiner Wohnung. Ich setze mich einen Moment aufs Sofa und giesse mir aus dem bereitgestellten Krug eine Tasse kalten Tee ein. Dabei wandert mein Blick umher – und bleibt erstaunt an einem Punkt einen halben Meter über dem Fussboden hängen. Da schwebt ein Insekt, meine ich zuerst. Bei näherem Hinsehen jedoch staune ich erst recht: Da hat sich eine kleine Spinne ein perfektes, rundes Netz zwischen Sofa und Kachelofen gesponnen und wartet nun auf Nahrung. Dumm nur, dass sie sich damit genau vor meiner Bürotüre positionierte. Schmunzelnd und etwas mühsam steige ich über das kunstvolle Gebilde hinweg und setze mich an meine Arbeit.

Tag für Tag begegnen mir kleine und grössere Naturwunder. Um sie zu sehen, braucht es offene und wache Sinne. Um sie als kleine «Glücksbringer» im Alltag zu würdigen, braucht es die Bereitschaft, sich ihnen zu öffnen.

Musik

Ein Prospekt flattert ins Haus. Darin wird das Menuhin-Festival in Gstaad angepriesen. Gstaad liegt zwar nicht am Ende der Welt, doch auch nicht gleich um die Ecke. Freunde haben mir von der ausgezeichneten Akustik und der angenehmen Atmosphäre in der Kirche Saanen vorgeschwärmt. Davon möchte ich mich seit Jahren selber überzeugen. Doch ein Konzert in diesem Kirchenraum bedeutet eine Übernachtung vor Ort. Spät nachts nach einem Konzert noch eine längere und kurvenreiche Autofahrt nach Hause würde das Konzertvergnügen stark überschatten. Eine Übernachtung aber bedeutet, dass ich nicht mit irgendjemandem hinfahren kann, sondern eine Person brauche, die mich umfassend versorgt und klassische Musik ebenfalls liebt. Sonst wäre es zum Fenster hinausgeworfenes Geld und nur ein halber Genuss für mich. Wie so oft gilt auch beim Konzertbesuch: Geteilte Freude ist doppelte Freude. Und eine kritiksüchtige Begleitung, die jederzeit und überall das Haar in der Suppe sucht, vergällt jede Freude oder erstickt sie im Keim.

Im Sommer 2015 ist mir das Glück schliesslich hold. Alle Puzzleteile liegen vor mir und warten bloss darauf, zusammengefügt zu werden: das ansprechende Konzert in der Kirche Saanen mit dem Titel «Luft im Laub und Wind im Rohr». Verena Steinegger, normalerweise eine Begleiterin für meine Arbeit, hat Lust und Zeit, mich in meinem Unterfangen zu unterstützen. Die Konzerttickets und das Hotelzimmer sind in kürzester Zeit gebucht. Die Vorfreude wächst.

Am 5. August ist es schliesslich soweit. Die Fahrt nach Saanen ist kein Katzensprung und leider, wie gesagt, kurvenreich. Das heisst: Sie ist für mich sehr anstrengend. Mein Elektrorollstuhl wird zwar an sechs Punkten angebunden, ist aber gleichwohl nicht so verankert wie ein Autositz. Bei jeder Kurve bewegt er sich fürs Auge unsichtbar, für meinen Körper jedoch sehr wohl spürbar. Diese Bewegungen versuche ich mit meinen Nacken-, Rücken-, Bein-, Gesäss- und Bauchmuskeln auszugleichen. Das ist ermüdend. – Aber bei prachtvollem Sommerwetter bietet uns die Autofahrt ein herrliches Panorama. Der Lac de la Gruyère widerspiegelt den wolkenlosen Himmel. Das Château de

Gruyères thront majestätisch über uns. Langsam windet sich die Strasse der Saane entlang Richtung Château-d'Oex. Um der Reisekrankheit vorzubeugen, knabbere ich an einem Stück Brot aus meiner Picknick-Tasche. Kurz nach Rougemont überqueren wir die Kantonsgrenze vom Waadtland ins Berner Oberland und treffen ziemlich genau 2 ¾ Stunden nach unserer Abfahrt in Saanen sein.
Das Navigationsgerät führt uns sicher zum Hotel, ein gutes Stück den Hang hinauf. An der Rezeption werden wir erwartet und beziehen das rollstuhlgängige Zimmer. Ein grosszügiger Balkon bietet eine atemberaubende Sicht auf die gegenüberliegende Talseite. Berge so weit das Auge reicht und unten im Tal Saanen und Gstaad. Die Kirche von Saanen, unser eigentliches Ausflugsziel, verbirgt sich hinter den Bäumen. Macht nichts, denn bald schon werde ich sie von ganz nahem sehen.

Nachdem wir uns ein wenig frisch gemacht und ich mich einen kurzen Moment aufs Bett gelegt habe, um meine steifen Muskeln zu entspannen, machen wir uns wieder auf den Weg. Wir wollen die Örtlichkeiten erkunden und danach genug Zeit für ein gemütliches Abendessen haben. Am besten stellen wir das Auto möglichst nah bei der Kirche ab. Kein Problem. Hier ist man einen Grossanlass wie das Menuhin Festival gewohnt und gut organisiert. Beim Parkplatz weist uns ein Schild den Weg zum Pfarrhaus und zur Kirche. Auf einem schmalen aber rollstuhlgängigen Pfad geht's den Hügel hinauf unter einem Torbogen hindurch in den Kirchhof hinein. Links liegt der Friedhof, rechts die mit Schindeln gedeckte Kirche. Vor der Kirchenmauer steht ein beachtlicher Stapel neuer Schindeln – Vorbote einer Dachrenovation. Die Kirche Saanen mit ihrem markanten Turm mit sechseckigem Dach und hölzerner Glockenstube ist ein eindrücklicher und schöner Bau, der urkundlich erstmals 1228 erwähnt wird. Im Mittelalter wurde sie dem Heiligen Mauritius geweiht und von 1444 bis 1447 in spätgotischem Stil neu erbaut.[101]

Obwohl ich ahne, dass die Kirchentür jetzt noch geschlossen ist, bitte ich Verena, die Klinke herunterzudrücken. Fehlanzeige. Ich spitze die Ohren. Aus dem Innern klingt uns leise Musik entgegen. Entweder wird hier für heute Abend geprobt oder es findet ein Meisterkurs statt. Denn dieses Festival ist auch Akademie – eine exzellente Gelegenheit, junge Musiker zu fördern.

Unser Spaziergang führt uns weiter ins Dorfzentrum. Eine ausgiebige Besichtigung verschieben wir auf den nächsten Tag und setzen uns auf die gut besetzte Terrasse eines Restaurants. Die Zeit verfliegt bei feinem Essen und guten Gesprächen im Nu.

Wenn das Äussere der Kirche Saanen und ihr Standort mich bereits beglückten, so tut es nun ihr Innenraum erst recht. Die hohe, gewölbte Holzdecke, das helle Mittelschiff, das von einer Empore umrundet ist, und schliesslich, der Augenweiden nicht genug, der Chor mit seinen Wandmalereien aus dem 15. Jahrhundert. Sie zeigen Szenen aus dem Alten Testament, dem Leben der Maria, der Legende des Heiligen Mauritius und der Thebäischen Legion.[102]

[101] https://de.wikipedia.org/wiki/Kirche_Saanen
[102] dito

Langsam füllt sich die Kirche mit Zuhörenden. Jede Bank und jeder Stuhl wird besetzt. – Während ich darauf warte, meinen Platz bei der Türe einnehmen zu können, komme ich nicht umhin, mich zu fragen, welch ein Gefühl das wohl wäre, als Pfarrerin am Sonntagmorgen vor genauso vollbesetzter Kirche zu predigen. Als ich meinen Platz auf dem Podest mit Rampe bei der Seitentür schliesslich einnehme, nimmt mein leicht melancholisches Sinnieren ein abruptes Ende. Denn dieser Sitzplatz begeistert mich. Er bietet mir einen ungehinderten Blick auf das Geschehen vorne im Chor. Bereits etwas höher als die anderen Gäste sitzend, hebe ich mich mit dem Sitzlift noch etwas höher. Eine solch gute Sicht hatte ich bisher noch in keinem Kirchenkonzert!

Das Kammerorchester Basel unter der Leitung von Zohar Lerner nimmt seinen Platz ein. Unter Applaus erscheinen die beiden Pianistinnen Khatia und Gvantsa Buniatishvili aus Georgien. Johann Sebastian Bachs Konzert für Violine, Oboe und Basso Continuo BWV 1060 erklingt heute im Arrangement für zwei Klaviere. Wohlbekannte Klänge erfüllen den Kirchenraum. Die Schwestern in ihren glamourösen Roben und hochhackigen Schuhen zeigen, dass sie nicht nur schön sind, sondern hochkarätiges musikalisches Geschick und Feingefühl besitzen. Verzaubert schliesse ich für einen Moment die Augen, um sie gleich wieder zu öffnen. Denn diesmal wird mir Schönheit für Ohr und Auge geboten – freie Sicht auf die Klaviertastatur des einen Flügels. So beobachte ich fasziniert das federleichte Fingerspiel von Khatia. Ab und zu ein Augenkontakt mit der Schwester und dem Dirigenten, ein Lächeln hin und her. Auch im Spiel des Kammerorchesters ist Freude und Lust zu spüren.

Ganz besonders augenfällig wird dies bei der Streichersinfonie Nr. 6 Es-Dur von Felix Mendelssohn und bei Mendelssohns Oktett nach der Pause. Während des zweiten Satzes (Andante) schweifen meine Gedanken zu seinen Tagebucheintragungen auf seinen Reisen durch die Schweiz. Ob er wohl die Kirche Saanen auch besucht hat? Hat er davon geträumt, hier zu musizieren oder seine Musik zur Vorführung zu bringen? – Eines scheint mir gewiss: Bestimmt würde er sich mit mir über diesen musikalischen Moment freuen und den Ohrenschmaus (hoffentlich ohne allzu viel Kritik an den Ausführenden) geniessen.

Denkanstoss

Was sind Ihre persönlichen «Glücksbringer»? Wann fühlen Sie sich besonders wohl? Was tut Ihnen gut? Welche Aktivitäten machen Ihnen Freude, geben Entspannung und erfüllen Sie mit einem guten Gefühl?

Schluss

Das Wetter macht mir einen Strich durch die Rechnung. Sowohl der Kühlschrank als auch die Brotkiste sind leer und ein grösserer Einkauf wäre angesagt. Aber es regnet seit dem frühen Morgen Bindfäden. Da würde niemand einen Hund nach draussen schicken, geschweige denn, sich bei einer Rollstuhlfahrt von einem Ende des Dorfes zum anderen bis auf die Haut durchnässen lassen.

Setzt man sich auf einen bequemen Liegestuhl mitten in den strömenden Regen, kriegt man eine Ahnung davon, wie das für uns Rollstuhlfahrende ist – auch dann, wenn wir das Regenzeug montiert haben. An irgendeiner undichten Nahtstelle läuft das Wasser bestimmt herein.

Auf dieses Erlebnis verzichte ich heute lieber und setze mich stattdessen an meinen Arbeitsplatz. Da bin ich umgeben von Dingen, die mir, wenn ich sie zur Hand beziehungsweise zum Fuss nehme (ob man das wohl so schreiben kann? Man wahrscheinlich kaum! Aber ich durchaus!), viele Glücksmomente schenken – so zum Beispiel die Psalmensammlung von Hanns Dieter Hüsch und Uwe Seidel. Eines meiner Lieblingsgedichte daraus heisst «Sehnsucht»:

Sehnsucht
Ich seh ein Land mit neuen Bäumen
Ich seh ein Haus aus grünem Strauch
Und einen Fluss mit flinken Fischen
Und einen Himmel aus Hortensien seh ich auch.

Ich seh ein Licht von Unschuld weiss
Und einen Berg, der unberührt
Im Tal des Friedens geht ein junger Schäfer
Der alle Tiere in die Freiheit führt.

Ich hör ein Herz, das tapfer schlägt
In einem Menschen, den es noch nicht gibt
Doch dessen Ankunft mich schon jetzt bewegt
Weil er erscheint und seine Feinde liebt.

Das ist die Zeit, die ich nicht mehr erlebe
Das ist die Welt, die nicht von unserer Welt
Sie ist aus feinstgesponnenem Gewebe
Und Freunde seht und glaubt: Sie hält.

Das ist das Land, nach dem ich mich so sehne
Das mir durch Kopf und Körper schwimmt
Mein Sterbenswort und meine Lebenskantilene
Dass jeder jeden in die Arme nimmt.[103]

Sehnsucht wird eher selten bis nie im Zusammenhang mit Glück gesehen. Sehnsucht verbinden die meisten wohl eher mit einem Mangel, einem Manko, einem unerfüllten Wunsch. Wir sehnen uns zum Beispiel nach etwas, was uns tatsächlich oder auch nur in unserer Vorstellung fehlt.
Hier in diesem Gedicht klingt eine glückliche Sehnsucht an, die ich als gläubige Frau tief in mir spüre und die ich auch gerne kultiviere. Eine Sehnsucht nach Zukünftigem zwar, die jedoch in ihrer Unerfülltheit bereits viele Glücks-

[103] Hanns Dieter Hüsch: Novmber-Psalm – Ich male mir mein Leben
Aus: Hanns Dieter Hüsch/Uwe Seidel: Ich stehe unter Gottes Schutz, Seite 115, 2016/14 © tvd Verlag Düsseldorf, 1996

momente in sich birgt – Hoffnung, Glaube, Zuversicht und neue Kraft für den Alltag.

Eine ähnlich glückliche Sehnsucht erfüllt mich beim Hören der Klaviersonate D-Dur Hob. XVI:24 von Joseph Haydn. Da spielen Leichtigkeit und Freude mit. Ich liebe Klaviermusik, seit ich als kleines Mädchen meinem Vater und meiner Schwester Ketsia beim Klavierspiel zugehört und dieses bewundert habe. Wie man zwei Hände auf so vielen weissen und schwarzen Tasten tanzen lassen kann, ist für mich ein Wunder, ein Schauspiel sondergleichen.

Mein Blick schweift über die vielen Buchrücken im Gestell. Bei Asta Scheibs «Das Schönste was ich sah» bleibt er hängen. Diese Lektüre verbinde ich ebenfalls mit glücklicher Sehnsucht – ein Buch, das ein Lob auf die Liebe und Treue ist.

Meine Augen wandern weiter zu einer Fotografie meiner Urgrosstante Frieda Grieder. Sie war eine begnade Künstlerin, die viele wunderbare Skulpturen geschaffen hat. Eine davon gehört meiner Mutter. Sie hat entschieden, dass «die Schreitende» jeweils für ein Jahr bei einer ihrer Töchter stehen soll. Das letzte Mal, dass ich sie bei mir hatte, war 2013, und schon jetzt ersehne ich ihre Wiederkehr, freue mich aber auch darüber, sie bei meinen Schwestern in guten Händen zu wissen.

Dann betrachte ich die Postkarte, die ich letztes Jahr aus England zurückgebracht habe. Sie zeigt den Umschlag der ersten Auflage von Jane Austens «Pride and Prejudice» (Stolz und Vorurteil). Wie diese Frau ihre grossartigen Gesellschaftsstudien, was ihre Bücher ja eigentlich sind, schreiben konnte, ist mir ein Rätsel. Sie hatte kaum Privatsphäre, kaum Zeit dafür, neben der Aufsicht ihrer zahlreichen Nichten und Neffen. Erst gegen Ende ihres Lebens hatte sie ihr eigenes Heim, das heutige «Jane Austen's House Museum» in Chawton, Hampshire. Vorher zog sie von Bruder zu Bruder und betreute deren Kinder. – Im Museum kann man unter anderem den kleinen, zwölfeckigen Holztisch besichtigen, an dem sie geschrieben haben soll. Wahrlich, dieses Haus und vor allem dieser Arbeitsplatz sind kein Eldorado für eine Schriftstellerin – kein «Writers retreat», wie er heutzutage im Internet für betuchte Schreiberlinge angeboten wird. Und doch hat Jane Austen ihre Sehnsucht nicht unterdrückt, sondern ihre Gabe, wunderbare Literatur zu verfassen, so gut wie möglich ausgelebt. Sie bereitet mir damit immer wieder sehr beglückende Lesestunden.

Auf einmal wird es heller in meinem Büro. Ein Sonnenstrahl fällt auf die Orchideen auf der Fensterbank und reisst mich aus meinen Gedanken an Janes England und ihre Romanfiguren Elizabeth Bennet und Mr. Darcy in die Gegenwart meiner vier Wände zurück. Der Himmel hat aufgeklart. Neben noch dunkelgrauen Wolken zeigen sich wieder blaue Himmelsfetzen. Ich kann nun doch noch eine Rollstuhlfahrt wagen. Zögernd setze ich einen Punkt in meiner Arbeit. Erfüllend produktive Stunden liegen hinter mir. So flüssig und ohne Unterbruch schreibt es sich selten. Eine kostbare Zeit, die mich mit einem wärmenden Glücksgefühl erfüllt.

Dank

Ich danke allen, die mich während der Entstehung dieses Buches auf vielfältige Weise unterstützt und ermutigt haben: Debora Rupf für die Kreation des ausgezeichneten Titels «Ins Leid gepflanzt, ins Glück gewachsen». Hanspeter und Julia Dänzer für ihr ehrliches und hilfreiches Feedback. Peter Schulthess, für seine aufmunternde «Notfallseelsorge» als ich am Nullpunkt war. Matthias Wenk für seine Fachkompetenz und Ermutigung. Thomas Grossenbacher für seine Korrekturen. René Mollet für die aussagekräftigen schwarz-weiss Fotografien. Fritz und Verena Nafzger für ihre Hilfe bei der Umsetzung der Idee für das Titelbild. Und – last but not least – Lars Lepperhoff vom Blaukreuz-Verlag Bern für sein grosses Engagement für mein zweites literarisches Kind.

Literatur

Aristoteles: Nikomachische Ethik, Anaconda Verlag, Gebundene Ausgabe 2009

Bach Ulrich: Boden unter den Füssen hat keiner – Plädoyer für eine solidarische Diakonie, Verlag Vandenhoeck & Ruprecht, Göttingen 1986, 2. Auflage

Bauer Joachim: Selbststeuerung – die Wiederentdeckung des freien Willens, Karl Blessing Verlag, München 2015

Boice James M.: Foundations of the Christian Faith, IVP Repr. 1986

Bruns Hans: Die Bibel mit Erklärungen, Brunnen Verlag Giessen – Basel, 15. Auflage 2009

Elberfelder-Übersetzung: Die Bibel, Revidierte Fassung. R. Brockhaus Verlag, 1985

Evangelisch-reformiertes Gesangbuch

Etymologisches Wörterbuch des Deutschen, Deutscher Taschenbuch Verlag, 1995

Frankl Viktor E.: ...trotzdem Ja zum Leben sagen – ein Psychologe erlebt das Konzentrationslager, dtv, München, Oktober 2002, 22. Auflage

Gute Nachricht Bibel, Deutsche Bibelgesellschaft, Stuttgart 2000

Hauck Friedrich / Schwinge Gerhard: Theologisches Fach- und Fremdwörterbuch, Verlag Vandenhoeck & Ruprecht, Göttingen, diese Auflage 1997

Hoffsümmer Willi: Kurzgeschichten, Bd. 1, 255 Kurzgeschichten für Gottesdienst, Schule und Gruppe, Grünewald Verlag, Taschenbuch 2008

Hüsch Hanns Dieter und Seidel Uwe: Ich stehe unter Gottes Schutz, Psalmen für Alletage, tvd-Verlag Düsseldorf 1996, 13. Auflage 2014

Hüther Gerald: Was wir sind und was wir sein könnten – ein neurobiologischer Mutmacher, S. Fischer Verlag, 2011

Krusche Werner: Gottes grosse Einladung – Predigten, Evangelische Verlagsanstalt, Berlin 1982

Lewis Clive Staples: Über den Schmerz, Brunnen Verlag Giessen/Basel, 1. Taschenbuch-Lizenzausgabe 1988

Luther-Bibel, Deutsche Bibelgesellschaft 1984

Maurina Zenta: Jahre der Befreiung – Schwedische Tagebücher 1951–1958, Maximilian Dietrich Verlag, Memmingen 1965

Maurina Zenta: Über Liebe und Tod – Essays, Maximilian Dietrich Verlag, Memmingen/Allgäu 1960

Magazin «Perspektiven», Brot für alle, September 3/2015

Mendelssohn Bartholdy Felix: Reisebriefe aus den Jahren 1830 bis 1832, herausgegeben von Paul Mendelssohn Bartholdy in Berlin, Leipzig, Hermann Mendelssohn, 1863

McNeal Tom: To be sung underwater, Little, Brown and Company 2011

Microsoft Encarta Enzyklopädie Professional 2003 © 1993–2002 Microsoft Corporation

Moltmann Jürgen: The Crucified God, SCM Press 1992

Moltmann Jürgen: Warum ich Christ bin, in: Jens W. Hrsg., Warum ich Christ bin, München 1979

Nietzsche Friedrich: Werke I – Menschliches, Allzumenschliches, 6. Aufl. Frankfurt/M u. a.: Ullstein, 1969

Pausewang Gudrun: Ich gebe nicht auf, Geschichten, Gebete, Gedichte, Signal Verlag, Baden-Baden 1987

Tenney Merril C: (General Editor), The Zondervan Pictorial Encyclopedia of the Bible, The Zondervan Corporation, Grand Rapids, Michigan, 1975, 1976, this edition 1994

Plass Adrian: Das Tour-Tagebuch des frommen Chaoten, Brendow Verlag 2003

Plass Adrian: Die steile Himmelsleiter – eine ehrliche Biographie, Brendow Verlag 1992

Plass Adrian: Tagebuch eines frommen Chaoten, Brendow Verlag 2011, 18. Auflage

Reftel Kristina Hrsg.: Ich habe nach dir gewonnen! Gütersloher Verlagshaus/Verlagsgruppe Random House, Gütersloh, 2007

Schmid Wilhelm: Schönes Leben? – Einführung in die Lebenskunst, Suhrkamp Verlag 2000

Sölle Dorothee: Leiden, Herder / Spektrum Verlag 1993

Stern David H.: Kommentar zum Jüdischen Neuen Testament – Band 1, Hänssler-Verlag, Neuhausen-Stuttgart 1996

ten Boom Corrie: Die Zuflucht, R. Brockhaus Verlag Wuppertal 1976

Volpi Franco Hrsg.: Arthur Schopenhauer – Die Kunst, glücklich zu sein – Dargestellt in fünfzig Lebensregeln, Verlag C. H. Beck 1999

Wehr Marco: Kleine Kinder sind grosse Lehrer, das Genie der frühen Jahre, Beltz Verlag, Weinheim und Basel 2014

Wertheimer Jürgen und Zima Peter V. Hrsg.: Strategien der Verdummung. Infantilisierung in der Fun-Gesellschaft. Verlag C.H. Beck, 6. Auflage 2006

Westphal Heinrich C. G. Hrsg.: Wie die Träumenden – Das Helmut Thielicke Lesebuch, Quell Verlag, Stuttgart 1998, 5. Auflage

Yancey Philip: Warum ich heute noch glaube – Menschen, die mir halfen, die Gemeinde zu überleben, R. Brockhaus Verlag, Wuppertal 2002

Yong Amos: The Bible, Disability and the Church – A New Vision of the People of God, William B. Eerdmans Publishing Company, Grand Rapids, Michigan/Cambridge U.K. 2011

Zenetti Lothar: Auf seiner Spur. Texte gläubiger Zuversicht, Grünewald 2011

Zizioulas John D.: On Being a Person: Toward an Ontology of Personhood, a King's College Essay, T & T Clark, Edinburgh, 1991

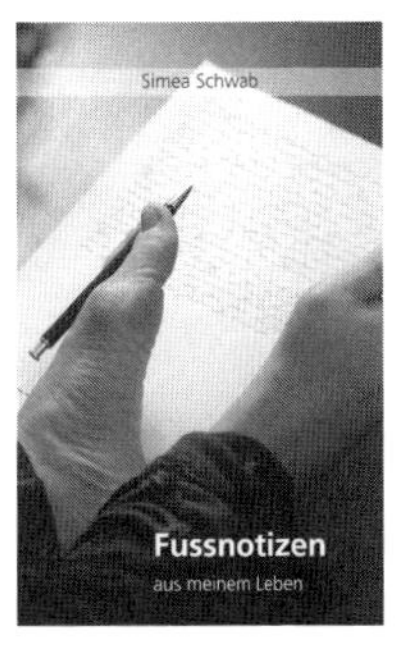

Simea Schwab
Fussnotizen
aus meinem Leben
192 Seiten, gebunden mit Schutzumschlag, 12,5 x 20,5 cm
31 schwarz-weisse Bilder
ISBN 978-3-85580-490-0
Blaukreuz-Verlag Bern
3. Auflage

Immer wieder Mut fassen, von vorne beginnen, das Positive im Leben sehen, sich nicht entmutigen lassen – diese Zuversicht strahlt Simea Schwab aus und lässt uns daran teilhaben. Warum fällt sie als Kind oft hin? Warum wird ein Ausflug an den See zu einem anstrengenden aber auch befreienden Abenteuer? Simea Schwab ist körperlich behindert, meistert ihr Leben ohne Arme.

Die Lebensfreude und das Gottvertrauen der Theologin sind ansteckend, ihr Leben fesselt. Wie gelingt es ihr, fröhlich und zuversichtlich zu bleiben, an einen liebenden Gott zu glauben? Simea Schwab ermutigt, fragt, hadert und blickt voller Poesie auf das menschliche Leben.

Alfred Eglin-Weidmann
Hoffnung schöpfen
Worte, die trösten und Mut machen

176 Seiten, gebunden, 21 x 21 cm, 47 farbige Bilder
ISBN 978-3-85580-497-9, Blaukreuz-Verlag Bern

Das Leben ist reich und schön wie ein üppiger Garten, dessen Farbenpracht und frische Luft wir geniessen. Wie über einem Garten können aber auch im Leben dunkle Wolken oder sogar Gewitter aufziehen. Es tritt eine Krankheit auf, oder wir erleiden einen Unfall. Manchmal sehen wir die Schönheit des Gartens nicht mehr, weil uns die Trauer um einen lieben Mitmenschen übermannt. Auch Streit verdüstert unser Leben, und der Verlust des Arbeitsplatzes kann einem Ausschluss aus dem Garten gleichkommen. Nicht selten sind es auch Ängste und Depressionen, die über uns dunkle Schatten werfen. All das stellt uns vor die Frage: Wo finden wir Hilfe?

Der Autor, Alfred Eglin-Weidmann, spürt dieser Frage nach. Seine Texte spenden Trost, lassen Hoffnung schöpfen und machen Mut, den Weg durch den Garten des Lebens wieder zu finden.

Alfred Eglin-Weidmann wurde 1936 im kleinen Bauerndorf Känerkinden im Kanton Baselland geboren und wurde auf dem zweiten Bildungsweg Pfarrer. Er war für die Basler Mission in Hongkong tätig und versah ein Gemeindepfarramt in Muttenz BL.

Bücher von Peter Schulthess

Peter Schulthess, Jahrgang 1952, ehemaliger Speditionskaufmann, arbeitet als Pfarrer in Pfäffikon ZH. Er ist verheiratet und Vater von vier Kindern. Peter Schulthess ist seit vielen Jahren in der Notfallseelsorge tätig. Er unterstützt die Ortsfeuerwehr als Seelsorger bei ihren Einsätzen, leitet das Care-Team des Spitals in Uster, ist Mitglied des Debriefing-Teams der Gebäudeversicherung des Kantons Zürich und steht der Kantonspolizei bei Bedarf zur Verfügung.

Peter Schulthess
Hiobsbotschaft
Erfahrungen aus der Notfallseelsorge
176 Seiten, broschiert
ISBN 978-3-85580-447-4
Blaukreuz-Verlag Bern

Mit Checkliste «Was tun bei einem Todesfall»

Täglich werden Menschen völlig unerwartet mit dem Tod konfrontiert (Herzstillstand – Unfall – Katastrophen – Suizid – Verbrechen). Aus seiner langjährigen Erfahrung als Notfallseelsorger zeigt der Autor, wie Frauen und Männer, Kinder und Teenager auf solch schreckliche Ereignisse reagieren und was sie in den Stunden, Tagen, Wochen und Monaten danach durchmachen. Er erzählt vom Umgang mit Verstorbenen, von Abschiedsritualen am Sarg und am Ort des Todes, wobei er auch auf Jugendliche und ihre Bedürfnisse zu reden kommt.

Viele praktische Hinweise, wie man Menschen, die von einem Schicksalsschlag getroffen wurden, im Moment des Chaos aber auch lange nach dem Ereignis auf ihrem schweren Trauerweg helfen kann.

Wie Engel begleiten
Erfahrungen aus biblischer und heutiger Zeit

160 Seiten, broschiert
ISBN 978-3-85580-469-6
Blaukreuz-Verlag Bern

Hatten Sie einmal eine Begegnung mit einem Engel? Unter welchen Umständen machten Sie diese Engelserfahrung? Was ist dabei geschehen? Was hat sie in ihrem Leben bewirkt?

Mit solchen Fragen wandte sich Pfarrer Peter Schulthess in Zeitungsinseraten an die Bevölkerung. Aufgeweckt durch eine eigene Engelserfahrung und durch Berichte in der Bibel, wollte er wissen, welche Erlebnisse Menschen heute mit Engeln machen.

In diesem Buch veröffentlicht der Autor das Resultat seiner Nachforschungen. Die unterschiedlichsten Menschen kommen zu Wort und berichten von ihren persönlichen Erfahrungen. Durch Vergleiche mit biblischen Erzählungen werden verblüffende Gemeinsamkeiten sichtbar, die zeigen, wie Engel begleiten.

In sensibler und zurückhaltender Art spürt der Autor Engelsspuren nach im Bewusstsein, dass sich Engel nicht fassen lassen. Eine faszinierende Reise von biblischen Zeiten bis in die heutige Welt.

Peter Schulthess
Es gibt mehr
Erfahrungen mit einer unsichtbaren Wirklichkeit

192 Seiten, broschiert, 13 x 20,5 cm
ISBN 978-3-85580-501-3
Blaukreuz-Verlag Bern

Es gibt mehr zwischen Himmel und Erde, als wir erklären können. Der Autor Peter Schulthess hat im Gespräch mit zahlreichen Menschen aus der Schweiz von wundersamen Begebenheiten erfahren. Seine Gesprächspartner sind sich sicher, dass Gott ihnen in schwierigen Situationen Boten geschickt hat. Das stimmt hoffnungsvoll. Durch so ein Erlebnis kann sich eine ausweglose Situation positiv verändern. Die Welt ist voller kleiner und grosser Wunder.

Wie aber geschehen sie? Zeigen sich himmlische Boten nur Menschen, die ein kirchliches Leben führen? Was, wenn Gott nicht hilft?

Peter Schulthess spürt Erfahrungen mit der unsichtbaren Wirklichkeit nach und zeigt damit auf, dass es Türen in eine andere Welt gibt. Er versteht es, Verbindungen von Geschehnissen aus unserem Alltag zu Texten der Bibel herzustellen und öffnet uns die Augen für Gottes Wirken in unserer Zeit. Es scheint, dass es an keine Bedingungen geknüpft ist!

Katrin Vogt
Nirgendwo und überall
Briefe ohne Antwort
64 Seiten, 15 x 21 cm
2 schwarz-weisse Abbildungen
ISBN 978-3-85580-492-4
Blaukreuz-Verlag Bern

«Lieber Baum, du bist eine mehr als 250 Jahre alte Buche. Hoch, breit, majestätisch, ruhig und gelassen stehst du da.» So beginnt Katrin Vogt einen ihrer Briefe. Es sind Briefe, die im Nirgendwo und überall geschrieben wurden, Briefe in äusserster Not, Briefe voller Zuversicht und Lebensfreude, Briefe aber auch, die das Ende offen lassen, die viele Fragen aufwerfen. Die alte Buche wird morsch, und die Autorin? Auch sie hat Krankheiten, die lebensbedrohend sind. In der Gesellschaft zählt, wer etwas leistet, wer äusserlich gewissen Ansprüchen standhalten kann. Die Buche ist morsch, doch noch immer gewährt sie den Vögeln ein Zuhause, den Käfern ermöglicht sie ihren Lebensunterhalt und Menschen ist sie eine liebe, alte Bekannte.

Katrin Vogt ist Kindergärtnerin und Krankenschwester DN II. Berufsbegleitend absolvierte sie eine EDV-Ausbildung mit Abschluss als PC-Officesupporterin SIZ. Ab 2001 ist sie auch als Computerkursleiterin tätig. Bei ihrer Arbeit als Krankenschwester beim medizinischen Dienst der Stiftung Contact hat sie sich mit dem HI- und Hepatitis C-Virus angesteckt. Sie wurde durch Ihre Bücher «Der Seele entflogen», «Der Vollmondgarten» und «Das Flüstern der Sterne» (alle Blaukreuz-Verlag Bern) bekannt.